Minna no Nihongo
みんなの日本語中級Ⅱ
くり返して覚える単語帳

高梨信乃　中西久実子

スリーエーネットワーク

© 2016 by 3A Corporation

All rights reserved. No part of this publication may be reproduced, stored in a retrieval system, or transmitted in any form or by any means, electronic, mechanical, photocopying, recording, or otherwise, without the prior written permission of the Publisher.

Published by 3A Corporation.
Trusty Kojimachi Bldg., 2F, 4, Kojimachi 3-Chome, Chiyoda-ku, Tokyo 102-0083, Japan

ISBN 978-4-88319-738-5 C0081

First published 2016
Printed in Japan

はじめに

　『みんなの日本語中級Ⅱ くり返して覚える単語帳』は、『みんなの日本語中級Ⅱ』の各課の新出語の確認、整理、定着を図るための単語帳のような問題集です。単語帳というのは、ことばを覚えるために繰り返して使うノートという意味です。

　各課の問題は、ことばの予習や復習に利用することができます。特に復習としては、一度だけでなく、何度も繰り返して使えるように作られています。

　また、教師が回収してチェックすることにより、学習者の習得状況を把握し、日々の指導の充実に役立てていただけるよう配慮されています。

　各課4ページの問題は教科書の構成に合わせて「読む・書く」→「話す・聞く」→「文法・練習」→「問題」で構成されています。また、3課ごとに「復習」を、最後に「総復習」を入れました。

　新出語のうち重要なもの(使用頻度の高い語や読み方に注意すべき語)については、読み方を書く問題があります。一度習った読み方を忘れないようにするために、あえてそれらの新出語にはふりがなをつけていません。また、初級レベルと考えられることばにもふりがなをつけていません。初級レベルで読めるようになってほしいと考えられる漢字にもふりがなをつけていません。

　問題は各課の新出語彙から作ってあります。問題は大きく分けて3種類あります。a)漢字の読み方をひらがなで書く問題、b)①②③など番号で答える問題、c)□□□からことばを選んで答える問題です。c)は漢字とひらがなのどちらで答えを書いてもかまいません。なお、各課の最後にある文章問題は課全体から出題しています。

　この本の使い方の一例は次のとおりです。
1) 1回目はページの右の解答欄に答えを書き、正しいかどうか確かめます。左の(　　)には答えを書かないでください。
2) 2回目以降は右の解答欄を見ないで正しい答えが言えるかチェックします。
3) 間違えたところは、何度も繰り返して覚えるようにします

　さらに、学習者のみなさんに新出語の重要度が一目でわかるように、巻末にリストをつけました。本教材をお使いになってのご意見、ご感想などをお寄せいただければ幸いです。

2016年11月

高梨信乃
中西久実子

第13課

読む・書く

1. 読み方を書きましょう。
   1) 以後
   2) 一体
   3) 四字熟語
   4) 適度な
   5) 適切な
   6) 月日がたつ
   7) 詰める
   8) 街
   9) 看板
   10) 苗字
   11) 見慣れる
   12) 範囲
   13) 横断する
   14) 思い込む
   15) 観光
   16) 契約する
   17) 国語辞典
   18) 一瞬

2. ☐から正しい言葉を選んで書きましょう。
   1) 健康のために毎日適度な（　　　　）をしたほうがいい。
      | 通勤　料理　交流　運動 |
   2) 来年の誕生日（　　　）はこのカードは使えません。
      | 以下　以来　以降　以上 |
   3) 弟はとても健康で、生まれて（　　　）病院に行ったことがない。
      | 以前　以来　以下　以上 |

3. ☐から言葉を選び、必要なら正しい形に変えて書きましょう。
   | 浮かぶ　思い込む　出くわす　広がる　要する |
   1) 英語の先生と聞いてすぐ頭に先生の顔が（　　　　）が、名前は思い出せない。
   2) 医者になるまで7年を（　　　　）た。長かった。
   3) 弟は自転車に乗れるようになって遊べる場所の範囲が（　　　　）たようだ。
   4) 私は来日する前、日本に今もサムライがいると（　　　　）いた。

4. ☐から正しい言葉を選んで書きましょう。
   | なんとなく　ひょっとして　ごと　ずつ |
   | ただ　あるいは　とりあえず |
   1) 手術を受けてからは1か月（　　　）に病院に行っています。
   2) 店に入ったら（　　　）ビールを注文することにしている。

1.
1) ＿＿＿＿＿
2) ＿＿＿＿＿
3) ＿＿＿＿＿
4) ＿＿＿＿＿な
5) ＿＿＿＿＿な
6) ＿＿＿＿＿がたつ
7) ＿＿＿＿＿める
8) ＿＿＿＿＿
9) ＿＿＿＿＿
10) ＿＿＿＿＿
11) ＿＿＿＿＿れる
12) ＿＿＿＿＿
13) ＿＿＿＿＿する
14) ＿＿＿＿＿いむ
15) ＿＿＿＿＿
16) ＿＿＿＿＿する
17) ＿＿＿＿＿
18) ＿＿＿＿＿

2.
1) ＿＿＿＿＿
2) ＿＿＿＿＿
3) ＿＿＿＿＿

3.
1) ＿＿＿＿＿
2) ＿＿＿＿＿
3) ＿＿＿＿＿
4) ＿＿＿＿＿

4.
1) ＿＿＿＿＿
2) ＿＿＿＿＿

3）申し込みは平日、(　　　　) 土曜日の午前中にしてください。
4）今日は (　　　　) 勉強する気にならない。
5）夜8時過ぎですが、(　　　　) お店が開いているかと思って来てみました。
6）この町は環境もよくて住みやすい。(　　　　)、教育となると問題がないとは言えない。

話す・聞く

5. 読み方を書きましょう。
1）自分自身　　　　3）関連する
2）結構　　　　　　4）住めば都

6. ☐ から正しい言葉を選んで書きましょう。
1）両面にコピーしたら、絵が (　　　　) になっちゃって見にくいよ。
　　| 向こう　平等　逆さま　一方 |
2）遅れそうでしたが、(　　　　) 電車に間に合いました。
　　| どうしても　どうも　今さら　どうにか |
3）先生に対してその言い方は (　　　　) ではないと思う。
　　| 適度　適切　見慣れた　ぴったり |
4）ところでワットさんのことだけど、彼とどこで (　　　　) になったの？
　　| 参加者　知り合い　親しさ　共通 |
5）病気で思い出したんだけど、最近風邪を引いてる人、(　　　　) 多いよね？
　　| 結構　たいてい　いな　とりあえず |

7. ☐ から言葉を選び、必要なら正しい形に変えて書きましょう。
　　| 広げる　戻す　関連する　詰める　共感する |
1）使ったイスを元の場所に (　　　　) てください。
2）最近は自分の仕事に (　　　　) た本を読むことにしています。
3）道を (　　　　) ために現在工事中です。
4）子どもに遊びは必要だという本を読んだ。その作家の意見に (　　　　) た。

文法・練習

8. 読み方を書きましょう。
1）入社する　　6）双子
2）掃除機　　　7）世界的な
3）ため息　　　8）休暇
4）受験生　　　9）売上げ
5）都心　　　　10）食品

9. ☐から言葉を選び、必要なら正しい形に変えて書きましょう。

| 我慢する　入社する　あふれる |
| しぼる　独占する　たまる |

1）山を登っている途中で疲れたときは（　　　）ないで知らせてください。
2）レモンを（　　　）てジュースに入れた。
3）お風呂に水を入れていることを忘れて、水が（　　　）てしまった。
4）彼はこの4月に（　　　）たてだから、まだ仕事に慣れていない。
5）たとえごみが（　　　）ていても、誰も片づけたりしないんだ。

10. ☐から正しい言葉を選んで書きましょう。
1）池田さんのお父さんは音楽（　　　）の仕事をしているそうです。

| 部分　場合　関係　地域 |

2）私たちは今年、学生（　　　）で結婚しました。

| 向き　自身　同士　以後 |

3）調査によると、この学校の学生4,000人のうち約400人、つまり、1（　　　）の学生が家でインターネットを使わないらしい。

| 折　割　パーセント　軒 |

問題

11. 読み方を書きましょう。
1）信用する　　5）目下の人
2）付き合う　　6）外部
3）不愉快　　　7）伝わる
4）人間性　　　8）実行する

8.
1) _____する
2) _____
3) ため_____
4) _____
5) _____
6) _____
7) _____な
8) _____
9) _____げ
10) _____

9.
1) _____
2) _____
3) _____
4) _____
5) _____

10.
1) _____
2) _____
3) _____

11.
1) _____する
2) _____き_____う
3) _____
4) _____
5) _____の
6) _____
7) _____わる
8) _____する

12. ＿＿＿＿の部分とだいたい同じ意味のものを①～④から選びましょう。
　1）電気がつかないので、大家（おおや）さんに電話しました。（　　）
　　　① アパートに住んでいる人　　② アパートを持っている人
　　　③ 電気会社の人　　　　　　　④ アパートの管理人
　2）今までに数えきれない失敗をしたけど、やっとうまくできたよ。（　　）
　　　① とても大きい　② 少しの　③ とても小さい　④ たくさん

13. ＿＿＿から正しい言葉を選んで書きましょう。
　1）隣（となり）の人がハンカチを落としたのに気づいていながら、気づかない
　　（　　　　）をした。
　　　| こと　　せい　　ふり |
　2）（　　　　）から間違いを指摘（してき）したが、部長はそれ以来、あまり話を
　　してくれなくなった。
　　　| 人間性　　親切心　　不愉快 |

14. ＿＿＿から正しい言葉を選んで書きましょう。
　　| どうやら　　そのうち　　たとえ　　結構　　いや　　どうにも |

　私の祖父（そふ）は作家だったが、いつも自分の作品に満足（まんぞく）していたのだろうか。（　①　）、そうではなかったらしい。（　②　）心配ばかりしていたようだ。祖父の日記には次のように書かれている。「もしこの小説が完成できなかったら、どうしよう」。祖父は30歳のときに最初の小説で成功し、（　③　）、新聞に新しい小説を書く仕事をもらうようになった。しかし、（　④　）少しずつであっても、毎日、新聞に小説を書き続けることは（　⑤　）大変なことだったに違いない。

　　　　　　　　　　　　　　　※ 満足する…be satisfied (with)

第14課

読む・書く

1. 読み方を書きましょう。

1) 番組
2) 存在する
3) 無視する
4) 語る
5) 作品
6) 支える
7) 発売する
8) 種類
9) 巨大
10) 原理
11) 水準
12) 保証する
13) 過剰な
14) 秒
15) 動作
16) 光景
17) 描く
18) 直前
19) 起こる
20) 期待する

2. ＿＿＿の部分とだいたい同じ意味のものを①〜④から選びましょう。

1) この映画は今、世界中で<u>受けている</u>。
　① 知られている　　② 人気がある
　③ 有名である　　　④ 認められている
2) 田中先生は授業でゴミ問題を<u>取り上げた</u>。
　① 話題にした　　② なくした
　③ 奪った　　　　④ 解決した

3. ＿＿から言葉を選び、必要なら正しい形に変えて書きましょう。

| 番組　巨大　種類　動作　状況　具体例　保証 |

1) 日本にはいろいろな（①　　　）のテレビ（②　　　）がある。
2) この町では（①　　　）地震で建物が壊れ、多くの人が亡くなった。こんな（②　　　）なので、祭りを予定通りできるかどうか（③　　　）はない。
3) 分かりやすく話す一つの方法は、（　　　）をあげることだ。

| 過剰　激しい　夢中　高い　厚い |

4) このチームは選手の層が（①　　　）く、競争が（②　　　）ため、どんどん強くなっている。
5) ゲームに（　　　）になっていて、雨が降り出したのにも気がつかなかった。
6) 子どものために教育の水準が（　　　）地域に住みたい。

1.
1) ＿＿＿＿＿
2) ＿＿＿＿＿する
3) ＿＿＿＿＿する
4) ＿＿＿＿＿る
5) ＿＿＿＿＿
6) ＿＿＿＿＿える
7) ＿＿＿＿＿する
8) ＿＿＿＿＿
9) ＿＿＿＿＿
10) ＿＿＿＿＿
11) ＿＿＿＿＿
12) ＿＿＿＿＿する
13) ＿＿＿＿＿な
14) ＿＿＿＿＿
15) ＿＿＿＿＿
16) ＿＿＿＿＿
17) ＿＿＿＿＿く
18) ＿＿＿＿＿
19) ＿＿＿＿＿こる
20) ＿＿＿＿＿する

2.
1) ＿＿＿＿＿
2) ＿＿＿＿＿

3.
1) ①＿＿＿＿＿
　　②＿＿＿＿＿
2) ①＿＿＿＿＿
　　②＿＿＿＿＿
　　③＿＿＿＿＿
3) ＿＿＿＿＿
4) ①＿＿＿＿＿
　　②＿＿＿＿＿

| 目指す　支える　起こる　語る |

7）これからの社会を（　　　）のは若者だ。

8）この音は何ですか。…地震が（　　　）直前に人々に知らせるベルです。

9）医者を（　　　）人は医者の子どもが多いって、本当ですか。

| 期待する　無視する　発売する　蓄積する　存在する |

10）新しいスマホが来月（　　　）ことになっている。

11）このアニメの主人公のようなピッチャーが本当に（　　　）たら、プロ野球はもっとおもしろくなるだろう。

12）人間は、他(ほか)の動物と違って文字を持っているので、知識を（　　　）ことができるのだ。

13）学生の意見を（　　　）先生は、いい先生とは言えない。

話す・聞く

4. 読み方を書きましょう。

1）宇宙船　　　　　8）身
2）機械化　　　　　9）散る
3）差別する　　　　10）知恵
4）食堂車　　　　　11）鉄道
5）血　　　　　　　12）列車
6）通う　　　　　　13）謎
7）襲う　　　　　　14）場面

5. ☐から言葉を選び、必要なら正しい形に変えて書きましょう。

| 犠牲(ぎせい)　場面　知恵　一言(ひとこと)　神秘(しんぴ)　宇宙　あらすじ　命 |

1）真夜中の湖は、とても美しくて（　　　）的な風景だ。

2）この小学校では3人の子どもが津波(つなみ)の（　　　）になった。

3）難しい問題でも、みんなで集まって（　　　）を出し合えば、いい考えが生まれることがある。

4）『銀河鉄道999(ぎんがてつどうスリーナイン)』の（①　　　）を（②　　　）で説明するのは難しいですが、私が一番好きなのは、列車が（③　　　）を走る（④　　　）です。

| 打つ　投げ出す　触れる　散る　はまる　差別する　促(うなが)す |

5）その親は、自分の身を（　　　）て子どもを守った。

6）このマンガ、おもしろいなあ。3ページ読んだら、（　　　）ちゃった。

7）会話の中でどのぐらいあいづちを（　　　）かは、文化によって違うそうだ。

5）＿＿＿＿＿＿
6）＿＿＿＿＿＿
7）＿＿＿＿＿＿
8）＿＿＿＿＿＿
9）＿＿＿＿＿＿
10）＿＿＿＿＿＿
11）＿＿＿＿＿＿
12）＿＿＿＿＿＿
13）＿＿＿＿＿＿

4.
1）＿＿＿＿＿＿
2）＿＿＿＿＿＿
3）＿＿＿＿＿＿する
4）＿＿＿＿＿＿
5）＿＿＿＿＿＿
6）＿＿＿＿＿＿う
7）＿＿＿＿＿＿う
8）＿＿＿＿＿＿
9）＿＿＿＿＿＿る
10）＿＿＿＿＿＿
11）＿＿＿＿＿＿
12）＿＿＿＿＿＿
13）＿＿＿＿＿＿
14）＿＿＿＿＿＿

5.
1）＿＿＿＿＿＿
2）＿＿＿＿＿＿
3）＿＿＿＿＿＿
4）①＿＿＿＿＿＿
　②＿＿＿＿＿＿
　③＿＿＿＿＿＿
　④＿＿＿＿＿＿
5）＿＿＿＿＿＿
6）＿＿＿＿＿＿
7）＿＿＿＿＿＿

8)「そうですか。…で？」というのは、相手に話の続きを（　　　）表現だ。

9) 桜が（　　　）てしまう前に、みんなで写真を撮ろう。

10) この展覧会は、ただ見るだけでなく作品に（　　　）て楽しむことができる。

11) 自分が誰かから（　　　）ていると感じたことがありますか。

文法・練習

6. 読み方を書きましょう。
1) 出身者　　　　6) 重要な
2) 砂漠　　　　　7) 建設する
3) 使用する　　　8) 得な
4) 冷める　　　　9) 分析する
5) 活動する　　　10) 住民

7. ☐から言葉を選び、必要なら正しい形に変えて書きましょう。

| 睡眠　両方　立場　被害　対策　住民　期間 |

1) 健康には十分な食事と（①　　　）の（②　　　）が必要だ。
2) 新しい道路ができたせいで、この地域は騒音の（①　　　）を受けている。（②　　　）のために早く（③　　　）を考える必要がある。
3) 寮の建設について、学生の（　　　）から意見を言ってください。

| まずい　ただの　得　重要　欠かせない |

4) しょうゆは日本料理に（　　　）ものだ。
5) 現金で払うのとカードで払うのと、結局、どっちが（　　　）なんだろう。
6) これは（　　　）古いマンガ本じゃありません。日本に数冊しか残っていない、貴重なものなんですよ。
7)（　　　）話をするときは、電話よりもメールのほうがいい、という人が増えているそうだ。

| 交換する　揺れる　建設する　議論する　広がる |

8) この建物は、地震の時もあまり（　　　）なかった。
9) 今はメールが簡単に（　　　）できるので、友達との待ち合わせの場所を細かく決めなくてもよい。
10) 新しい空港をどこに（①　　　）か、関係者が（②　　　）しているが、なかなか結論が出ない。

| 宣伝する　郵送する　分析する　冷める　改善する　回復する |

11) この申し込み書は（　　　　）のではなく、事務室へ持ってきてください。

12) 日本のアニメが外国で受ける理由を（　　　　）ために、アンケート調査を行った。

13) テレビなどでこの映画をよく（　　　　）てるけど、おもしろいのだろうか。

14) 「スープが（　　　　）ない距離（きょり）」って、どういう意味？
　…同じ家の中じゃないけど、近くていつでも会える距離っていうことじゃない？

15) 父は手術の後、体力が（　　　　）まで入院する予定だ。

問題

8. 読み方を書きましょう。
1) 演劇部
2) 成長する
3) 活気
4) 非常ベル
5) 通り過ぎる
6) 実は
7) 風景
8) 温泉旅館

9. ☐から正しい言葉を選んで書きましょう。

| 風景　役　関心　温泉　女優　活気 |

1) あの（①　　　）はある映画で目が見えないピアニストの（②　　　）をやって有名になった。
2) 私のふるさとの（　　　）は10年前とそれほど変わっていない。
3) この町は、（①　　　）が見つかってから旅行者が増え、（②　　　）が出てきた。

10. ☐から正しい言葉を選んで書きましょう。

| なんだ　何気なく　それが　へえー |

［父が太郎（たろう）の部屋から戻ってきた］
母：どう？　太郎、優太君（ゆうたくん）とけんかしないで遊んでる？
父：（　①　）、びっくりしたんだよ。（　②　）部屋の中を見たら、優太君が「だめ、だめっ！」って言いながら泣いてたんだ。
母：え？　何？　太郎が優太君のおもちゃを取っちゃったの？
父：そう思うだろう？　ところが次の瞬間（しゅんかん）、太郎が「似てる、似てる！」って言って、二人で笑い出したんだ。優太君、アニメのまねをしてたみたい。
母：（　③　）。よかった。

※〜のまねをする…mimic

第15課

読む・書く

1. 読み方を書きましょう。

1) 構成する
2) 割合
3) 新たな
4) 集団
5) 時間が経つ
6) 能率
7) 法則
8) 脇役
9) 偉大
10) 徐々に
11) 理想的な
12) 現象
13) 担ぐ
14) 参考資料
15) 行列
16) 組織

2. ◻︎から正しい言葉を選んで書きましょう。

1) 弟はニューヨークにある国際的な（　　　）で働いています。

   | 組織　市場　都心　層 |

2) この会社の社員は、30〜40代が2割、50代以上が8割という（　　　）になっている。

   | 事情　構成　編成　水準 |

3) この飲み物は、トマトジュースとビールを1：2の（　　　）で混ぜて作ります。

   | 能率　立場　比率　関係 |

3. ◻︎から言葉を選び、必要なら正しい形に変えて書きましょう。

| 落ちる　登場する　担ぐ　動き回る
  分担する　スタートする |

1) この仕事は大変だが、8人で（　　　）ば、1日で終わるだろう。
2) この映画では最初に犯人が（　　　）てしまうらしい。
3) 米が入った袋は肩に（　　　）で持つと楽だ。
4) 今日から新入社員の研修会が（　　　）た。
5) 慣れない社員が入ったために、仕事の能率が（　　　）た。

| 徐々に　さすがに　一見　そこで |

6) （　　　）よく働いてるように見えるが、実は同じことを繰り返してるだけだ。
7) 初めは隣の部屋の音が気になったが、（　　　）慣れてきた。

1.
1) ＿＿＿＿＿する
2) ＿＿＿＿＿
3) ＿＿＿＿＿たな
4) ＿＿＿＿＿
5) ＿＿＿＿＿がつ
6) ＿＿＿＿＿
7) ＿＿＿＿＿
8) ＿＿＿＿＿
9) ＿＿＿＿＿
10) ＿＿＿＿＿に
11) ＿＿＿＿＿な
12) ＿＿＿＿＿
13) ＿＿＿＿＿ぐ
14) ＿＿＿＿＿
15) ＿＿＿＿＿
16) ＿＿＿＿＿

2.
1) ＿＿＿＿＿
2) ＿＿＿＿＿
3) ＿＿＿＿＿

3.
1) ＿＿＿＿＿
2) ＿＿＿＿＿
3) ＿＿＿＿＿
4) ＿＿＿＿＿
5) ＿＿＿＿＿
6) ＿＿＿＿＿
7) ＿＿＿＿＿

8) 子どもに料理をさせてみた。(　　　)大人のように上手にはできないが、子どもたちは嫌いな野菜でも残さずに食べるようになった。

8) _____

話す・聞く

4． 読み方を書きましょう。

1) 優れる　　　　8) 実をつける
2) 太鼓　　　　　9) 磨く
3) マンガ好き　　10) 得意
4) 出張所　　　　11) 踊り
5) 社名　　　　　12) 才能
6) その名の通り　13) 実行委員
7) 知識　　　　　14) 後輩

4.
1) _____れる
2) _____
3) マンガ___き
4) _____
5) _____
6) その___の___り
7) _____
8) _____をつける
9) _____く
10) _____
11) _____り
12) _____
13) _____
14) _____

5． _____の部分とだいたい同じ意味のものを①〜④から選びましょう。

1) 毎週の料理教室で料理の腕を上げた。(　　)
　① 注目　② 人気　③ 技術　④ 信用

2) 車に関する知識では、彼の右に出る人はいない。(　　)
　① 彼と同じくらいよく知っている人がいる
　② 彼よりよく知っている人がいる
　③ 彼ほど知らない人はいない
　④ 彼ほどよく知っている人はいない

5.
1) _____
2) _____

6． _____から正しい言葉を選び、必要なら正しい形に変えて書きましょう。

1) りんごの木が実を(　　　)までには時間がかかる。
　　製造する　示す　結ぶ　磨く

2) 彼はお茶が趣味で、(　　　)イギリスに留学したときは地元の紅茶教室に通っていたそうですよ。
　　いまさら　何でも　いつまでも　ある程度

3) 彼はこの会社きっての営業マンなんですよ。(　　　)営業成績ではこの10年間、彼の右に出る人がいないんですから。
　　いかにも　どうにか　何しろ　どうやら

4) この子はリズム感が(　　　)てダンスもうまい。
　　取る　ある　感じる　なる

6.
1) _____
2) _____
3) _____
4) _____

文法・練習

7. 読み方を書きましょう。

1) 電球
2) 寿命
3) お嬢さん
4) 環境問題
5) 経営する
6) 地球温暖化
7) 家族関係
8) 論文
9) 題名
10) 選挙する
11) 混乱する
12) 調整する
13) 交代する
14) 楽器
15) 音楽一家
16) 秘密
17) 器用な
18) 展開する

8. ［　　］から言葉を選び、必要なら正しい形に変えて書きましょう。

| 混乱する　出る　信頼する　用いる　かく　注文する |

1) この店ではラーメンを（　　　　）前に券を買います。
2) 私は次の選挙に（　　　　）て、市民に自分の意見を話すつもりだ。
3) 目上の人には丁寧な言葉を（　　　　）なければならない。
4) 今日はたくさん汗を（　　　　）たから、シャツを洗濯しよう。
5) この会社の製品は使いやすいので、世界中の人に（　　　　）ている。

9. ［　　］から正しい言葉を選んで書きましょう。

| 器用　中年　当番　各国 |

1) この会議には世界（　　　　）の代表が集まった。
2) あなたももう（　　　　）なんだから、もう少し健康に注意したら？
3) 今日は私が片づけます。明日は田中さんが（　　　　）ですから片づけてください。

問題

10. 読み方を書きましょう。

1) 共に
2) 利益
3) 乗り越える
4) 社会科学
5) 移動する
6) 賢い
7) 意味を込める
8) 用語

7.
1) ＿＿＿＿＿
2) ＿＿＿＿＿
3) お＿＿＿さん
4) ＿＿＿＿＿
5) ＿＿＿＿する
6) ＿＿＿＿＿
7) ＿＿＿＿＿
8) ＿＿＿＿＿
9) ＿＿＿＿＿
10) ＿＿＿＿する
11) ＿＿＿＿する
12) ＿＿＿＿する
13) ＿＿＿＿する
14) ＿＿＿＿＿
15) ＿＿＿＿＿
16) ＿＿＿＿＿
17) ＿＿＿＿な
18) ＿＿＿＿する

8.
1) ＿＿＿＿＿
2) ＿＿＿＿＿
3) ＿＿＿＿＿
4) ＿＿＿＿＿
5) ＿＿＿＿＿

9.
1) ＿＿＿＿＿
2) ＿＿＿＿＿
3) ＿＿＿＿＿

10.
1) ＿＿＿に
2) ＿＿＿＿＿
3) ＿＿り＿＿える
4) ＿＿＿＿＿
5) ＿＿＿＿する

11. ☐ から正しい言葉を選んで書きましょう。

1) 会社を作って30年になり、たくさんの人に助けていただいたことを（　　　）思い出しています。
   ┌─────────────────────────────────┐
   │ うっかり　ぴったりと　パッと　しみじみ │
   └─────────────────────────────────┘

2) ワットさんと会うたびに木村(きむら)さんのことは伺っておりました。今日（　　　）お会いできてとてもうれしいです。
   ┌─────────────────────────────┐
   │ どうやら　こうして　何しろ　何でも │
   └─────────────────────────────┘

3) 人と人との（　　　）は何よりも大事だと思っています。
   ┌─────────────────────────────┐
   │ つながり　動作　環境　法則 │
   └─────────────────────────────┘

4) 共生という自然科学の用語は社会科学の（　　　）でも使われる。
   ┌─────────────────────────────┐
   │ 市場　老舗(しにせ)　分野　風景 │
   └─────────────────────────────┘

12. ☐ から正しい言葉を選んで書きましょう。

┌─────────────────────────────────┐
│ それで　そこで　何しろ　すべて　ただ │
└─────────────────────────────────┘

A：京都(きょうと)には古い神社(じんじゃ)やお寺が多いですよね。
B：そうですね。（ ① ）1300年以上の歴史がある町ですからね。でも（ ② ）の建物が古いわけじゃなくて、新しい建物も建っていますよ。
A：えっ？　そうなんですか。
B：（ ③ ）、規則はありますけどね。なんでも25メートル以上の高い建物は建ててはいけないそうです。
A：へぇ。じゃあ、25メートル以下なら、どんどん建てていいんですか。
B：いや、さすがに派手な色の建物は禁止されてるみたいです。
A：そうなんですね。（ ④ ）コンビニも地味な色なんですね。

6) ＿＿＿＿＿い
7) ＿＿＿を＿める
8) ＿＿＿＿＿

11.
1) ＿＿＿＿＿
2) ＿＿＿＿＿
3) ＿＿＿＿＿
4) ＿＿＿＿＿

12.
① ＿＿＿＿＿
② ＿＿＿＿＿
③ ＿＿＿＿＿
④ ＿＿＿＿＿

第13〜15課 復習

1. ☐から漢字を一つ選んで言葉を作りましょう。

| 化 | 部 | 書 | 誌 | 分 | 的 | 者 |

例）報告☐・教科☐（　　）

1）日常☐・世界☐・理想☐（　　）

2）関係☐・出席☐・作☐（　　）

3）機械☐・温暖☐・自動☐（　　）

4）週刊☐・雑☐・月刊☐（　　）

5）演劇☐・運動☐（　　）

1.
例）＿＿書＿＿
1）＿＿＿＿＿＿
2）＿＿＿＿＿＿
3）＿＿＿＿＿＿
4）＿＿＿＿＿＿
5）＿＿＿＿＿＿

2. ☐から正しい言葉を選んで書きましょう。

| 能率　比率　水準　動作　種類 |

1）気温が高いと作業の（　　　）が落ちるので、エアコンを使うようにしている。

2）この会社は技術の（　　　）が高く、製品の質もよい。

3）寒い季節はどうしても（　　　）が遅くなりがちだ。

4）小さい店は商品の（　　　）が少ないので、大きい店に行くことにしている。

2.
1）＿＿＿＿＿＿
2）＿＿＿＿＿＿
3）＿＿＿＿＿＿
4）＿＿＿＿＿＿

3. どちらが適切ですか。

1）パーティーに｛お・ご｝招待します。

2）3時にお部屋に｛お・ご｝伺いします。

3）社長は踊りが｛お・ご｝得意です。

4）｛お・ご｝聞きします。

3.
1）＿＿＿＿＿＿
2）＿＿＿＿＿＿
3）＿＿＿＿＿＿
4）＿＿＿＿＿＿

4. ☐から正しい言葉を選び、必要なら正しい形に変えて書きましょう。

| 気にかける　耳にする　目にする　気が置けない |
| 頭に入れる　口に出す |

1）病気のとき、（　　　）人がそばにいてくれると安心する。

2）寒くなってきたので、町でコートを着ている人を（　　　）ようになった。

3）先生はいつも学生たちのことを（　　　）てくださっていた。

4.
1）＿＿＿＿＿＿
2）＿＿＿＿＿＿
3）＿＿＿＿＿＿

4) (　　　) て言いにくいことでも、手紙にすると相手に伝えやすくなる。
5) ベトナムでは寿司が特に人気だと (　　　) たが、本当だろうか。

5. ☐ から言葉を選び、必要なら正しい形に変えて書きましょう。

| 甘える　置く　進行する　謙遜する　磨く　使う |

1) 毎日テニスの練習をして腕を (　　　) ているそうだ。
2) 部長に絵を褒められたが、(　　　) て「大したものじゃありません」と言った。
3) 雨が降ってきたし、駅まで車でお送りしましょうか。
　　…ありがとうございます。では、お言葉に (　　　) て、乗せていただきます。
4) 司会というのは会を (　　　) 人のことです。
5) 山田さんはいい友達なので、いっしょに旅行に行ってもあまり気を (　　　)。

| 遅い　まじめ　賢い　ルーズ |

6) カラスという鳥は実に (　　　) 鳥だ。道具を上手に使って虫をつかまえることがあるそうだ。
7) 山本さんは時間に (　　　) で、待ち合わせの時間にいつも遅れて来る。
8) 弟は子どもの頃は遊んでばかりで、あまり (　　　) 勉強しなかった。

6. ☐ から正しい言葉を選んで書きましょう。

| なおさら　そこで　やはり　実は　徐々に |

　私の妻はフランス人だ。先日その妻が手術をすることになった。しかし、手術の日、私はあいにく急な仕事が入り、病院にいっしょに行くことができなくなってしまった。簡単な手術だから大丈夫だとは思ったが、(①) 何かあったら大変だし、妻も不安がった。(②) 妻は日本語があまりできないので、(③) だ。(④)、中学生の息子について行かせた。息子は日本語とフランス語で、医者や看護師さんと妻とのやりとりを通訳して、周りの人を驚かせたそうだ。

※ 通訳する…interpret

第16課

読む・書く

1. 読み方を書きましょう。
   1）個人情報
   2）新聞記事
   3）社会面
   4）事実
   5）通信販売
   6）可能性
   7）被害者
   8）氏名
   9）職業
   10）生年月日
   11）上旬
   12）請求書
   13）既に
   14）支払い
   15）求める
   16）有料
   17）受け取る
   18）知人
   19）日付
   20）原稿

2. ＿＿から言葉を選び、必要なら正しい形に変えて書きましょう。

   | 可能性　項目　支払い　おわび　有料　法則　何者 |

   1）この駐車場は（①　　　）ですよ。
   　…そうですか。カードでも（②　　　）ができますか。
   2）アンケート調査をするときは、質問の（　　　）が多くなりすぎないように注意したほうがいい。
   3）会員の個人情報が入ったパソコンがなくなった。状況から考えると、会社の中の（①　　　）かが持ち出した（②　　　）が高い。
   4）先生に授業を欠席するとメールで知らせる場合には、連絡するだけでなく、（　　　）の言葉も書くほうがいい。

   | 慰（なぐさ）める　漏（も）れる　及（およ）ぶ　寄せる　応じる　引き出す |

   5）田中さんはあの事件のこと、知ってたよ。
   　…えっ。あの話はうちの社員しか知らないはずなのに。どこから（　　　）んだろう？
   6）この寮（りょう）に住んでいる留学生の出身国は、30か国に（　　　）。
   7）口座（こうざ）からお金を（　　　）ときにキャッシュカードを使う。
   8）大切な家族が亡くなって悲しんでいる彼女を、何と言って（　　　）ばいいのか分からない。
   9）駅前でテレビのインタビュー調査に（　　　）た。

1.
1) ＿＿
2) ＿＿
3) ＿＿
4) ＿＿
5) ＿＿
6) ＿＿
7) ＿＿
8) ＿＿
9) ＿＿
10) ＿＿
11) ＿＿
12) ＿＿
13) ＿＿に
14) ＿＿い
15) ＿＿める
16) ＿＿
17) ＿＿ける
18) ＿＿
19) ＿＿
20) ＿＿

2.
1) ①＿＿
　 ②＿＿
2) ＿＿
3) ①＿＿
　 ②＿＿
4) ＿＿
5) ＿＿
6) ＿＿
7) ＿＿
8) ＿＿
9) ＿＿

進める　求める　受け取る　振り込む　指定する　だます

10) 急いで買い物をしているとき、レジでおつりだけ（　　　）て、商品を忘れそうになることがある。
11) 人を（　　　）のと、人の物を盗むのと、どっちが悪いと思う？…どっちも悪いよ。
12) 彼が（　　　）た待ち合わせ場所は、静かで明るい喫茶店だった。
13) [会議の途中で部屋を出ながら] すみません、10分ぐらいで戻りますので、どうぞ話を（　　　）てください。
14) お金を（　　　）方法は、銀行へ行く以外にいくつかある。

早急　同様　懸命　不審

15) 選手全員が（　　　）に練習した結果、初めて試合に勝つことができた。
16) 田中さんの部屋の電気が朝も夜もついたままなので、（　　　）に思った管理人が入ってみたところ、田中さんが台所で倒れていたそうだ。
17) 事故の原因を（　　　）に調べなければならない。

話す・聞く

3. 読み方を書きましょう。
1) 飛び出す
2) 締切
3) 離す
4) 右手
5) 俺
6) 油
7) 見方
8) 骨折
9) 幸い
10) 苦い

4. ＿＿から言葉を選び、必要なら正しい形に変えて書きましょう。

ひざ　よそ見　見方　バカ　カバー

1) （①　　　）と言われる人は、（②　　　）を変えると、普通の人とは違った才能を持っている可能性がある。
2) こら、優太君、（　　　）をしないで、先生の話を聞きなさい。
3) 年を取ると（　　　）の痛みで歩けなくなる人がいる。

後悔する　離す　起こす　切る　おごる　誤る　まいる

4) 車を運転する時はいつも注意が必要だ。ハンドルを（①　　　）損ねて事故を（②　　　）てから（③　　　）ても、もう遅い。
5) [スピーチで] 山本君にはお世話になりました。私が仕事で失敗して（①　　　）ているときは、いつも夕食を（②　　　）てくれました。
6) 赤ちゃんは何でも口に入れるので、家の中でも目が（　　　）ない。

5. ☐から言葉を選び、必要なら正しい形に変えて書きましょう。

込む　出す　返る　返す

1) 交差点で横から急に子どもが飛び（　　　　）きて、びっくりした。
2) 太郎君、ズボンがぬれてるじゃない。どうしたの？
　…掃除のとき、転んでバケツをひっくり（　　　　）ちゃったんだ。
3) いずみさん、落ち（　　　　）いるみたいね。どうしたの？
　…また夫とけんかしちゃったの。
4) ゆうべ大変だったのよ。ワット先生が雪ですべってひっくり
　（　　　　）ちゃったの。

文法・練習

6. 読み方を書きましょう。

1) 改める
2) 需要
3) 消費税
4) 備える
5) 突然
6) 訪問する
7) 上達する
8) 気配
9) 無料化
10) 身分
11) 出場権
12) 開発する
13) 新人
14) 証明書
15) 提出する
16) 電気料金
17) 思わず
18) 必死に

7. ☐から言葉を選び、必要なら正しい形に変えて書きましょう。

活力　需要　時期　予算　気配　身分　要求

1) 夏の（①　　　）を感じる５月は、夏服の（②　　　）が伸びる（③　　　）だ。
2) 国に（①　　　）を与えるためには、若者が元気になるようなことに（②　　　）を使うべきではないだろうか。
3) 銀行口座を開くには（　　　　）を証明するものが必要だ。

改める　従う　とどまる　備える　追う　上達する　避難する

4) 地震が起きた時には、あわてずマニュアルに（①　　　）て（②　　　）てください。
5) この学校では、授業の方法を（①　　　）てから、学生の英語が急激に（②　　　）そうだ。
6) アンケートによると、地震に（①　　　）て食料や水をいつも用意している人は全体の２割に（②　　　）。

5.
1) ＿＿＿＿＿
2) ＿＿＿＿＿
3) ＿＿＿＿＿
4) ＿＿＿＿＿

6.
1) ＿＿＿＿＿める
2) ＿＿＿＿＿
3) ＿＿＿＿＿
4) ＿＿＿＿＿える
5) ＿＿＿＿＿
6) ＿＿＿＿＿する
7) ＿＿＿＿＿する
8) ＿＿＿＿＿
9) ＿＿＿＿＿
10) ＿＿＿＿＿
11) ＿＿＿＿＿
12) ＿＿＿＿＿する
13) ＿＿＿＿＿
14) ＿＿＿＿＿
15) ＿＿＿＿＿する
16) ＿＿＿＿＿
17) ＿＿＿＿＿わず
18) ＿＿＿＿＿に

7.
1) ①＿＿＿＿
　②＿＿＿＿
　③＿＿＿＿
2) ①＿＿＿＿
　②＿＿＿＿
3) ＿＿＿＿＿
4) ①＿＿＿＿
　②＿＿＿＿
5) ①＿＿＿＿
　②＿＿＿＿

8. ▢から言葉を選び、必要なら正しい形に変えて書きましょう。

　　| 合わせる　直す　下げる　上げる　かける |

1) 昨日もらったこの缶詰、おいしいなあ。どこで買えるんだろう？
　　…作ってる会社に問い（　　　　）てみたら？
2) 津波の後、彼は友人に協力を呼び（①　　　　）て、被害にあった人々を助ける組織を立ち（②　　　　）た。
3) おかしいなあ。一生懸命ダイエットしてるのに、体重が全然減らない。
　　…そうだなあ。ちょっと方法を見（　　　　）たほうがいいかもね。
4) 消費税って、もう下がることはないの？
　　…うーん、一度上がったら、引き（　　　　）られることはないよ。

問題

9. 読み方を書きましょう。
　　1) 不正使用　　　5) 創作する
　　2) 被害額　　　　6) 強盗
　　3) 金銭　　　　　7) アドレス帳
　　4) 失う　　　　　8) 捕まる

10. ▢から言葉を選び、必要なら正しい形に変えて書きましょう。

　　| 失う　築く　売買する　捕まる |

1) 一番（　　　　）たくないものは何？　お金、友達、仕事、命…。
　　…もちろん、命だよ。
2) 現代では誰もがインターネット上でいろいろな物を（①　　　　）ことができるが、中にはだまされる人もいるし、不正をして（②　　　　）人もいる。

11. ▢から正しい言葉を選んで書きましょう。

　　| 幸い　たった　既に　思わず　当然　まさか |

　息子が迷子になったときのことは忘れられない。近所の友達の家へ遊びに行った息子が帰ってこないので、迎えに行くと、友達が「しょう君はもう帰った」と言う。その時（①　　）夕方の6時で、辺りは暗くなり始めていた。4歳の息子が（②　　）一人でどこへ行ったのだろう？（③　　）誰かにどこかへ連れて行かれたのでは…。不安になりながら、あちこち捜し回っていたとき、ケータイが鳴った。交番からだった。
　（④　　）息子は親切な人に交番へ連れて行ってもらったのだ。交番で息子を見たとき、（⑤　　）「バカ！　どこへ行ってたの！」と大きな声を出してしまったが、あとはいっしょに泣いてしまった。今では懐かしい思い出である。
　　　　　　　　　　　　　　　※懐かしい…nostalgic

6) ①_____
　 ②_____

8.
1) _____
2) ①_____
　 ②_____
3) _____
4) _____

9.
1) _____
2) _____
3) _____
4) _____う
5) _____する
6) _____
7) アドレス_____
8) _____まる

10.
1) _____
2) ①_____
　 ②_____

11.
①_____
②_____
③_____
④_____
⑤_____

第17課

読む・書く

1. 読み方を書きましょう。

1) 太陽暦
2) 本来
3) 別
4) 体制
5) 長年
6) 会計
7) 年度
8) 西洋
9) 一定
10) 実施する
11) 当時
12) 支出する
13) 占める
14) 不足する
15) 新制度
16) 役人
17) 翌日
18) 作成する
19) 報告する
20) 暦

2. ［　　］から正しい言葉を選んで書きましょう。

1) 彼の本当の（　　　）は、選挙で勝つことだ。
   ［ 成果　競争　ずれ　ねらい ］

2) A社は私たちが（　　　）取引をしてきた会社だ。
   ［ 今後　今にも　結局　長年 ］

3) この時計の形って丸くなくて（　　　）だよね。
   ［ 八角形　四角い　丸い ］

4) 今日は2月10日でまだ寒いが、（　　　）の上ではもう春だ。
   ［ 立春　文化　暦　新聞 ］

5) （　　　）が交代してから、物価も高くなり生活が苦しくなった。
   ［ 政治　会計　政権　外交 ］

3. ［　　］から言葉を選び、必要なら正しい形に変えて書きましょう。

［ 補う　名づける　転じる　生じる　抱える ］

1) 私は5月に生まれたので「メイ」と（　　　）られた。
2) 中村(なかむら)さんは家族の問題を（　　　）ているから、残業できないようだ。
3) これを飲めば、不足しているビタミンCを（　　　）ことができる。
4) 社長の出発を延期したら、明日以降の予定に変更が（　　　）てしまう。

1.
1) ＿＿＿＿
2) ＿＿＿＿
3) ＿＿＿＿
4) ＿＿＿＿
5) ＿＿＿＿
6) ＿＿＿＿
7) ＿＿＿＿
8) ＿＿＿＿
9) ＿＿＿＿
10) ＿＿＿＿する
11) ＿＿＿＿
12) ＿＿＿＿する
13) ＿＿＿＿める
14) ＿＿＿＿する
15) ＿＿＿＿
16) ＿＿＿＿
17) ＿＿＿＿
18) ＿＿＿＿する
19) ＿＿＿＿する
20) ＿＿＿＿

2.
1) ＿＿＿＿
2) ＿＿＿＿
3) ＿＿＿＿
4) ＿＿＿＿
5) ＿＿＿＿

3.
1) ＿＿＿＿
2) ＿＿＿＿
3) ＿＿＿＿
4) ＿＿＿＿

4. ＿＿から正しい漢字を選んで書きましょう。

　　｜費　難　代　諸　計　翌｜

1）日本と（　　　）外国との若者の意識に関する調査が行われた。
2）財政（　　　）のため、社長は社員に給料の支払いができなくなった。
3）社員の人件（　　　）を支払うと、利益がなくなってしまう。
4）今日は午前中に2時間、午後に3時間、（　　　）5時間働くことになる。
5）東京オリンピックは1964年に開かれたが、彼が生まれたのはその（　　　）年だ。

話す・聞く

5. 読み方を書きましょう。
1）ご無沙汰する　　　4）四季
2）お久しぶり　　　　5）親子
3）お面　　　　　　　6）母親

6. ＿＿から正しい言葉を選んで書きましょう。
1）日本に住んでいるからには、四季折々の（　　　）を知らないといけない。
　｜組織　行事　出来事　風景｜
2）この春から1年生です。
　…6歳（　　　）大きいね。
　｜にしては　として　にとって　からには｜

7. ＿＿の部分とだいたい同じ意味のものを①～④から選びましょう。
1）こっちにおいで。（　）
　①いて　②座って　③行って　④来て
2）このコーヒー、100円にしてはおいしいね。（　）
　①100円のコーヒーはいつもおいしい
　②100円のコーヒーはいつもまずい
　③100円ならもっとおいしいはずだ
　④100円なのにおいしい

8. ☐から正しい言葉を選び、必要なら正しい形に変えて書きましょう。

> ずれる　抜く　まく　かける　邪魔する

1) 夏の暑い日には道路に水を（　　　）ば涼しくなる。
2) 突然お宅にお（　　　）てすみません。
3) 息子は小学生にしては背が高く、去年私を（　　　）て160センチになった。
4) 駅で電車を待っていたら、「今、何時ですか」と声を（　　　）れた。

文法・練習

9. 読み方を書きましょう。

1) 著者
2) 冒険
3) 好む
4) 地方
5) 移す
6) 複数
7) 足跡
8) 頂上
9) 引き返す
10) 方針
11) 稼ぐ
12) 素人
13) 基準
14) 吹雪
15) 応対する
16) 納得する

10. ☐から言葉を選び、必要なら正しい形に変えて書きましょう。

> 持つ　好む　納得する　予想する　遭う　あきれる

1) 社員を理由もなく転勤させるなんて、あの社長のやり方には（　　　）できない。
2) 私たちは参加者がこんなに多くなるなんて（　　　）ていませんでした。
3) ジーンズは若者に（　　　）れるスタイルだ。
4) 山登りの途中で吹雪に（　　　）て進めなくなり、引き返した。
5) 子どもを（　　　）てはじめて、親のありがたさが分かった。

> 盛ん　相当な　はるか　思わず

6) この地方ではじゃがいもが（　　　）作られている。
7) 彼の料理の腕は素人にしては（　　　）ものだ。
8) 先月加入した会員は、予想より（　　　）少なかった。

8.
1) ＿＿＿＿
2) ＿＿＿＿
3) ＿＿＿＿
4) ＿＿＿＿

9.
1) ＿＿＿＿
2) ＿＿＿＿
3) ＿＿む
4) ＿＿＿＿
5) ＿＿す
6) ＿＿＿＿
7) ＿＿＿＿
8) ＿＿＿＿
9) ＿き＿す
10) ＿＿＿＿
11) ＿＿ぐ
12) ＿＿＿＿
13) ＿＿＿＿
14) ＿＿＿＿
15) ＿＿する
16) ＿＿する

10.
1) ＿＿＿＿
2) ＿＿＿＿
3) ＿＿＿＿
4) ＿＿＿＿
5) ＿＿＿＿
6) ＿＿＿＿
7) ＿＿＿＿
8) ＿＿＿＿

問題

11. 読み方を書きましょう。
1) 学者
2) 川の流れ
3) 天に昇る
4) 困難
5) 王国
6) 滝
7) 観測する
8) 支配する

12. ☐から言葉を選び、必要なら正しい形に変えて書きましょう。

| 支配する　観測する　昇る　生まれる　逆らう　特定する |

1) ここにある古い資料は、いつのものか（　　　　）ことができない。
2) あのロケットは星を（　　　　）ために打ち上げられた。
3) 池田さんは上司にどんな命令をされても（　　　　）ないで、「はい」と言う人だ。
4) ナポレオンという人は昔ヨーロッパの広い範囲を（　　　　）ていた。
5) カラオケは歌に合わせて音楽を流す機械だが、日本で（　　　　）たらしい。

13. ☐から正しい言葉を選んで書きましょう。

| しっかり　ながら　ぴったり　できるだけ |

　オーストラリアのブリスベンでホームステイをしていたとき、驚かされることがあった。台所で皿やコップを洗剤で洗ったあとに、タオルでふくだけで水で流したりしないのだ。聞けば、その家族は体をせっけんで洗っても、水で流さないという。せっけんをタオルで（ ① ）ふけば、体に影響はないというのだ。不思議に思い（ ② ）、その時はなぜそうするのかは聞かなかった。日本に帰国してから、あるオーストラリア人の友達が教えてくれた。ブリスベンは乾燥していていつも水が不足しているから、市民は水を（ ③ ）使わないように努力しているらしい。

※ 洗剤…detergent

11.
1) ＿＿＿＿＿
2) ＿＿の　れ
3) ＿＿に　る
4) ＿＿＿＿＿
5) ＿＿＿＿＿
6) ＿＿＿＿＿
7) ＿＿＿＿する
8) ＿＿＿＿する

12.
1) ＿＿＿＿＿
2) ＿＿＿＿＿
3) ＿＿＿＿＿
4) ＿＿＿＿＿
5) ＿＿＿＿＿

13.
① ＿＿＿＿＿
② ＿＿＿＿＿
③ ＿＿＿＿＿

第18課

読む・書く

1. 読み方を書きましょう。

1) 幸運
2) 登場人物
3) 心の内
4) 解釈する
5) 食塩
6) 最新式
7) 排水
8) 修理屋
9) 知る由もない
10) 鋭い
11) 見当
12) 金属
13) 錆びる
14) 要するに
15) 刃
16) 微妙に
17) 超短編小説
18) 意外な
19) 満足する
20) 価値観
21) 異なる
22) 行為
23) 角度
24) 鉛筆削り

2. ＿＿＿の部分とだいたい同じ意味のものを①～④から選びましょう。

1) 彼がこの絵を描くのに使ったのは、ごくあたりまえの鉛筆だ。（　）
   ① とてもいい　　　　　② 普通で珍しくない
   ③ 本物の　　　　　　　④ とても使いやすい

2) 私は主婦だから、料理を見れば材料費がいくらぐらいか、だいたい見当がつく。（　）
   ① 調べられる　　　　　② 予想できる
   ③ 見える　　　　　　　④ 答えられる

3. ＿＿＿から言葉を選び、必要なら正しい形に変えて書きましょう。

| 幸運　　てっぺん　　行為　　タイプ　　価値観　　角度 |

1) 新しい（　　　　）のペンを見つけると、つい買ってしまう。
2) 登るのが大変な山ほど、（　　　　）からの景色はすばらしいんだよね。
3) 夫婦が（　　　　）の違いからけんかになることは珍しくない。
4) 日本の祭りには（　　　　）を呼ぶという伝統行事がたくさんある。
5) 同じ出来事でも、別の（　　　　）から見ると、全く違って見えるものだ。

1.
1) ＿＿＿＿＿
2) ＿＿＿＿＿
3) ＿＿＿の＿＿＿
4) ＿＿＿する＿＿＿
5) ＿＿＿＿＿
6) ＿＿＿＿＿
7) ＿＿＿＿＿
8) ＿＿＿＿＿
9) ＿る＿＿もない
10) ＿＿＿い
11) ＿＿＿＿＿
12) ＿＿＿＿＿
13) ＿＿＿びる
14) ＿＿＿するに
15) ＿＿＿＿＿
16) ＿＿＿に
17) ＿＿＿＿＿
18) ＿＿＿な
19) ＿＿＿する
20) ＿＿＿＿＿
21) ＿＿＿なる
22) ＿＿＿＿＿
23) ＿＿＿＿＿
24) ＿＿＿り

2.
1) ＿＿＿
2) ＿＿＿

3.
1) ＿＿＿
2) ＿＿＿
3) ＿＿＿
4) ＿＿＿
5) ＿＿＿

とめる　取る　錆びる　満足する　異なる　見つめる

6) 自転車の鍵が（　　　）ついて開かなくなってしまった。
7) 文化や価値観が（　　　）人と理解し合うことは大切だ。
8) あの人に（　　　）られると、どきどきしてしまう。
9) 食器を選ぶときは、見るだけでなく、手に（　　　）見たほうがいい。
10) 今度の旅行は風景も食事も最高で、全員が（　　　）た。

意外　ぴかぴか　鋭い　ざら　微妙　うらやましい

11) 飛行機に乗ったら隣の席の人が知り合いだったなんて、そう（　　　）にあることではない。
12) 父は、休みの日に車を（　　　）なるまで磨く。
13) 人の顔の右半分と左半分は、よく見ると（　　　）違う。
14) 山田さんが週末にダンスを習っているなんて（①　　　）だ。私は仕事以外に何もできないから、すてきな趣味を持っている山田さんが（②　　　）。

話す・聞く

4. 読み方を書きましょう。
1) 気に入る　　　　8) 思い出
2) 仲直りする　　　9) 栓
3) 不満　　　　　10) 抜く
4) 非難する　　　11) 捜し物
5) 皮肉　　　　　12) 平気な
6) カップが欠ける　13) 中断する
7) 新婚　　　　　14) 散らかす

5. ＿＿＿から言葉を選び、必要なら正しい形に変えて書きましょう。

皮肉　けんか　新婚　仲直り　思い出

1) 学生の時に住んでいた神戸には、楽しい（　　　）がたくさんある。
2) （　　　）の頃は夫婦でよく外出したが、最近は年に2、3回だけだ。
3) 外国語で（　　　）を言われても気づかないことがある。
4) 夫と（　　　）したいけど、謝るのはいやだ。どうしたらいいだろう。

気に入る　とる　欠ける　抜く　のぞく　散らかす

5) 私が畳に布団を敷いて寝ているのは、ベッドは場所を（　　　）からだ。

6) ＿＿＿＿＿＿
7) ＿＿＿＿＿＿
8) ＿＿＿＿＿＿
9) ＿＿＿＿＿＿
10) ＿＿＿＿＿＿
11) ＿＿＿＿＿＿
12) ＿＿＿＿＿＿
13) ＿＿＿＿＿＿
14) ① ＿＿＿＿＿
　　② ＿＿＿＿＿

4.
1) ＿＿に＿＿る
2) ＿＿りする
3) ＿＿＿＿
4) ＿＿＿する
5) ＿＿＿＿
6) カップが＿＿ける
7) ＿＿＿＿
8) ＿＿い
9) ＿＿＿＿
10) ＿＿＿く
11) ＿＿し＿＿
12) ＿＿な
13) ＿＿する
14) ＿＿らかす

5.
1) ＿＿＿＿
2) ＿＿＿＿
3) ＿＿＿＿
4) ＿＿＿＿
5) ＿＿＿＿

6) あ、このコップ、(　　　　)じゃない。
　　…ごめん。さっき流し台にうっかり落としてしまったんだ。
7) どんな時にも隣の人のケータイを(　　　　)てはいけない。
8) (　　　　)服は、古くなってもなかなか捨てられない。
9) この道具を使えば、ワインの栓を簡単に(　　　　)ことができます。

文法・練習

6. 読み方を書きましょう。
1) 監督
2) 跳ぶ
3) 花嫁
4) 不平
5) 推測する
6) 置く
7) 活躍する
8) 基礎
9) 持ち主
10) 維持する

7. ＿＿＿から言葉を選び、必要なら正しい形に変えて書きましょう。

　　監督　花嫁　作家　不平

1) 彼女は「夏の光」という映画の(　　　　)として世界的に有名だ。
2) 6月に結婚する(　　　　)はジューン・ブライドと呼ばれている。
3) 子どもの頃、食事に(　　　　)を言うと母にしかられた。おかげで、今では何でも食べられるようになった。

　　跳ぶ　活躍する　推測する　きく　かなう

4) うちの猫は年を取って、あまり高くは(　　　　)なくなった。
5) 山田君とけんかしてるの？
　　…うん。おとといから1回も口を(　　　　)てないの。
6) 女優として舞台に立つという夢が、今日やっと(　　　　)ました。
7) 火事の原因を(　　　　)ようとしたが、結局分からなかった。

　　基礎　おしゃれ　コミュニケーション　ふさわしい　相当

8) 時と場所と場合に(①　　　　)服を着るのが、本当の(②　　　　)です。
9) 中学校で英語の(①　　　　)をきちんと勉強していれば、簡単な(②　　　　)は十分とれるはずだ。

　　願う　置く　払う　維持する

10) 誰もが世界の平和を(　　　　)ているはずなのに、どうして戦争がなくならないのだろう。

6.
1) ＿＿＿＿＿＿
2) ＿＿＿＿ぶ
3) ＿＿＿＿＿＿
4) ＿＿＿＿＿＿
5) ＿＿＿＿する
6) ＿＿＿＿く
7) ＿＿＿＿する
8) ＿＿＿＿＿＿
9) ＿＿＿ち＿＿
10) ＿＿＿＿する

7.
1) ＿＿＿＿＿＿
2) ＿＿＿＿＿＿
3) ＿＿＿＿＿＿
4) ＿＿＿＿＿＿
5) ＿＿＿＿＿＿
6) ＿＿＿＿＿＿
7) ＿＿＿＿＿＿
8) ①＿＿＿＿
　 ②＿＿＿＿
9) ①＿＿＿＿
　 ②＿＿＿＿
10) ＿＿＿＿＿＿

11) 家も車も、買うときだけでなく、(　　　　) のにもお金がかかる。

12) コンビニは食べ物から鉛筆、雑誌、靴下までさまざまな商品を
(　　　　)。

問題

8. 読み方を書きましょう。

1) 出し忘れる　　　5) 昨夜
2) 素直　　　　　　6) 超える
3) 癖　　　　　　　7) 味方
4) 試す　　　　　　8) 習得する

9. ＿＿＿の部分とだいたい同じ意味のものを①〜④から選びましょう。

1) 話しながら髪の毛を触るのは、彼女の癖だ。
　① 悪いところ　　　② 趣味
　③ 日常　　　　　　④ くり返して行う動作

2) あの人には味方が一人もいない。
　① 世話をしてくれる人　　② 友達
　③ 好きな人　　　　　　　④ 立場が同じで助けてくれる人

10. ☐から言葉を選び、必要なら正しい形に変えて書きましょう。

　　試す　持つ　励ます　超える

1) 彼はたった1週間で300ページを (　　　) 小説を書いた。
2) カレーを作るとき、最後にコーヒーを少し入れるとおいしくなるんだって。
　…へー、本当かな。(　　　) てみようか。
3) あのとき父が (　　　) くれなかったら、私は留学をあきらめていただろう。

11. ☐から正しい言葉を選んで書きましょう。

　　おまけに　しょっちゅう　おそらく　いらいら　要するに

　私は小学生の頃、勉強が嫌いでした。授業中よそ見をしたり、宿題を忘れたりして、(①) 先生にしかられていました。(②)、友達とけんかはするし、机の中は乱雑だし、(③) 問題の多い子どもだったのです。そんな私が変わったのは、中学に入って山本先生に出会ってからです。山本先生に出会わなければ、私の人生は (④) 全く違うものになっていただろうと思います。

8.
1) ＿＿し＿＿れる
2) ＿＿＿＿＿＿＿
3) ＿＿＿＿＿＿＿
4) ＿＿＿＿＿＿す
5) ＿＿＿＿＿＿＿
6) ＿＿＿＿＿える
7) ＿＿＿＿＿＿＿
8) ＿＿＿＿＿する

9.
1) ＿＿＿＿＿＿＿
2) ＿＿＿＿＿＿＿

10.
1) ＿＿＿＿＿＿＿
2) ＿＿＿＿＿＿＿
3) ＿＿＿＿＿＿＿

11.
① ＿＿＿＿＿＿
② ＿＿＿＿＿＿
③ ＿＿＿＿＿＿
④ ＿＿＿＿＿＿

第16〜18課 復習

1. □に ▭ から漢字を一つ選んで言葉を作りましょう。

　　　| 面　額　件　帳　諸　屋　費 |

例）日記□　アドレス□　単語□　（　　）
1) 不動産□　修理□　本□　（　　）
2) 被害□　請求金□　支払□　（　　）
3) 政治□　社会□　スポーツ□　（　　）
4) □外国　□問題　□地域　（　　）
5) 人件□　交通□　学□　（　　）

2. ▭ から言葉を選び、必要なら正しい形に変えて書きましょう。

　　　| 込む　合わせる　取る　返す　返る |

1) 駅まで来たときに財布(さいふ)を忘れたことに気がついて、しかたなく家に引き（　　　　）た。
2) メールを受け（　　　　）たら、できるだけその日のうちに返事を出すようにしている。
3) 料金はどこで支払えばいいですか？
　…ここに書いてある口座に振り（　　　　）ください。
4) あっ、傘(かさ)を忘れてきちゃった。駅かな、電車の中かな。
　…駅に問い（　　　　）みたら？

3. ▭ から言葉を選び、必要なら正しい形に変えて書きましょう。

　　　| 慰(なぐさ)める　応じる　散らかす　あきれる　ずれる |

1) 太郎(たろう)、部屋を（　　　　）ないで。もうすぐお客さんがいらっしゃるのよ。
2) 来週のゼミ、僕(ぼく)が発表する番だよね？
　…違うよ、山本(やまもと)君の番。1回休みになったから、順番が（　　　　）たんだよ。
3) 後輩(こうはい)が遅刻した理由を聞いて、怒るよりも（　　　　）てしまった。
4) 試験に失敗して泣いている娘を（　　　　）ことばが見つからない。

　　　| 満足する　管理する　要求する　上達する　安定する　納得する |

5) 日本の家庭では、家族のお金は妻が（　　　　）ている場合が多い。
6) なぜこのプロジェクトを中止しなければならないのだろう。部長の説明を何回聞いても（　　　　）できない。
7) カリナさん、発表、よかったよ。日本語がまた（　　　　）たね。
　…ありがとうございます。先生のご指導のおかげです。

1.
例）＿＿帳＿＿
1) ＿＿＿＿＿
2) ＿＿＿＿＿
3) ＿＿＿＿＿
4) ＿＿＿＿＿
5) ＿＿＿＿＿

2.
1) ＿＿＿＿＿
2) ＿＿＿＿＿
3) ＿＿＿＿＿
4) ＿＿＿＿＿

3.
1) ＿＿＿＿＿
2) ＿＿＿＿＿
3) ＿＿＿＿＿
4) ＿＿＿＿＿
5) ＿＿＿＿＿
6) ＿＿＿＿＿
7) ＿＿＿＿＿

8) 食べ物の好みは人によって違うから、誰が食べても（　　　）料理というのはなかなかないだろう。

| 鋭い　ものすごい　意外　うらやましい　平気　素直 |

9) 田中さん、3日くらい全然寝なくても（　　　）だって言ってたけど、ほんとかな？

10) 自分が悪いと思った時は、（　　　）謝るべきだ。

11) 車が壁にぶつかった瞬間、（　　　）音がした。

12) ワット先生が日本のマンガが好きだなんて（　　　）だ。

13) 試合中の選手たちは、みんな（　　　）目をしている。

| 思い出　幸い　ねらい　山　味方 |

14) 家が火事になってしまったが、家族全員が無事だったのは不幸中の（　　　）だ。

15) 教師が学生にテストをする（　　　）は何だろうか。

16) 神戸は私が学生時代を過ごした（　　　）の町だ。

17) レポートを書いているので、机の上に本や書類の（　　　）ができている。

| くよくよ　ちらちら　じっと　べとべと　いらいら |

18) 優太、お母さんすぐ戻ってくるから、ここで待ってて。（　　　）しててね。

19) ここの信号は長い時間待たされるので、いつも（　　　）してしまう。

20) あらっ、このテーブル、このへんが（　　　）してる。
　…ジュースか何か、こぼれたんじゃない？　きれいにふきましょう。

21) 私は、何か失敗すると、なかなか忘れられなくて（　　　）してしまう性格だ。

8) _____
9) _____
10) _____
11) _____
12) _____
13) _____
14) _____
15) _____
16) _____
17) _____
18) _____
19) _____
20) _____
21) _____

4. ☐から正しい言葉を選んで書きましょう。

| しっかり　要するに　ごく　そんなに　既に |

　若いスポーツ選手がインタビューに答えるのを聞くと、（　①　）している人が多いのに驚かされる。10代でも、言うことの内容も使うことばも（　②　）大人のようである。どうしてだろうか。
　スポーツの世界は厳しい。日本中にいる選手の中でトップを争えるのは（　③　）わずかである。彼らは特別な才能を持っているだけでなく、特別につらい練習に耐え、特別に大きな緊張やプレッシャーと戦っている。（　④　）彼らは普通の若者よりも中身の濃い時間を生きているのだ。そのような生活が彼らを大人に成長させるのだろう。

※耐える…endure　　プレッシャー…pressure

4.
① _____
② _____
③ _____
④ _____

第19課

読む・書く

1. 読み方を書きましょう。

   1）効果
   2）箇所
   3）先頭
   4）普及する
   5）努める
   6）製作する
   7）芯
   8）競技する
   9）単純な
   10）常識に欠ける
   11）活用する
   12）節約する
   13）分解する
   14）再利用する
   15）車輪
   16）用紙
   17）巻く
   18）部品
   19）生命が入る
   20）チームを組む
   21）精神的
   22）例外

2. _____の部分とだいたい同じ意味のものを①〜④から選びましょう。

   1）りんごは皮と芯を取って食べた。（　）
      ① りんごの一番外の部分　　② りんごの実
      ③ りんごの中央のかたい部分
      ④ 小さい黒いもので、リンゴの子どものようなもの

   2）彼は介護(かいご)のお手伝いがしたいと言っている。（　）
      ① 子どもの世話をすること　　② 植物の世話をすること
      ③ 犬の世話をすること　　④ 老人や病気の人などの世話をすること

3. ____から正しい漢字を選んで書きましょう。

   | 再　前　感　上　第　的 |

   1）（　　　　）年度の予算は残っていても使うことができない。
   2）大変ではあったが、大きな仕事をやりとげたという達成（　　　　）がある。
   3）この大学を選んだ理由は二つある。（①　　　　）一に、教育力が高いこと、そして、（②　　　　）二に、家から近いことです。
   4）母の古い服を（　　　　）利用して子どもの服を作っている。
   5）一日中気を使っていたので、精神（　　　　）に疲れてしまった。

1.
1) _____
2) _____
3) _____
4) _____する
5) _____める
6) _____する
7) _____
8) _____する
9) _____な
10) _____にける
11) _____する
12) _____する
13) _____する
14) _____する
15) _____
16) _____
17) _____く
18) _____
19) _____がる
20) チームを____む
21) _____
22) _____

2.
1) _____
2) _____

3.
1) _____
2) _____
3) ① _____
   ② _____
4) _____
5) _____

4. ☐から言葉を選び、必要なら正しい形に変えて書きましょう。

達成する　向上する　削る　欠ける　製作する

1) このイスはスペインの有名な建築家によって設計され、1910年頃スペインで（　　　）れたものである。
2) 最近は日本でもワインを製造するようになり、その技術力も（　　　）てきた。
3) この鉛筆は（　　　）たら書きやすくなった。
4) この洗濯機はお風呂の水もそのまま使えるし、乾燥もできる。ただ一つ（　　　）ているのはタイマーの機能だ。

単純　さすがに　たんに　おだやか

5) （　　　）働く時間が長いだけでなく、作業が複雑なので疲れる。
6) 母にとって機械はできるだけ（　　　）ほうが使いやすいらしい。
7) 今日は風もなく海が（　　　）から、安心して泳ぐことができる。

話す・聞く

5. 読み方を書きましょう。

1) 自己紹介
2) 役者
3) 部員
4) 部活動
5) 伝統
6) 演劇祭
7) 誇り
8) 舞台装置
9) 覚悟する
10) 時計回り
11) 筋肉
12) 揃う
13) 電卓
14) 空想
15) 防ぐ
16) 自慢話

6. ☐から言葉を選び、必要なら正しい形に変えて書きましょう。

1) 毎日運動しているので、腕に（　　　）がついてきた。

内容　筋肉　熱　調子

2) 音楽に合わせて歌を歌う機械というのは、（　　　）カラオケのことですか。

まるで　ちょうど　ただの　いわゆる

3) 結婚式にはどんな服を着て行ったらいい？
　…（　　　）服がいいね。でも、白以外の色でね。

意外　相当　華やか　唐突

7. ⬜から言葉を選び、必要なら正しい形に変えて書きましょう。

　　| 譲る　受け継ぐ　守る　達成する　覚悟する　こもる |

1) 父は祖父から、そして私は父から、この日本の伝統的なお菓子の作り方の技術を（①　　　）きた。そして、この技術は私の子どもが（②　　　）ていくだろう。

2) このチームの練習は厳しいですよ。決して華やかな世界じゃないって（　　　）ておいてください。

3) 弟は運動が嫌いなので、天気がいい日でも部屋に（　　　）て本を読んでいる。

4) いらなくなった子どもの服は必要な人たちに（　　　）てあげるつもりだ。

文法・練習

8. 読み方を書きましょう。

1) 幼児
2) 流行する
3) 反抗する
4) 体制が甘い
5) 医療
6) 物理
7) 行儀作法
8) 和の心
9) 深まる
10) 分布する
11) 通勤ラッシュ
12) 評判
13) 国家試験
14) 常に

9. 次の意味を持つ言葉を書きましょう。

1) 6月から7月の雨が多い季節（　　　）
2) 仕事を退職することになっている年齢（　　　）
3) 給料など入ってくるお金より支出のほうが多くなること（　　　）

10. ⬜から言葉を選び、必要なら正しい形に変えて書きましょう。

　　| 流行する　反抗する　深まる　身につける　上陸する　欠ける |

1) 彼は中学生になってから、親に（　　　）ようになったらしい。

2) この絵本は幼児はもちろん、大人の間でも（　　　）ているらしい。

3) 台風は今夜から明日にかけて四国に（　　　）見込みです。

4) 茶道を通して日本の文化や日本人の考え方が分かり、理解が（　　　）たと思う。

5) 日本で働きたいなら日本語を（　　　）ておいたほうがいい。

31

問題

11. 読み方を書きましょう。
1) 新学期
2) 一体感
3) 油断する
4) 初回
5) 以前
6) 掃く
7) 清掃する
8) 扱う
9) 未経験
10) 力
11) 敵
12) 状態

12. ☐から正しい言葉を選んで書きましょう。
1) たとえ失敗しても、いつも（　　　）を持って挑戦することが大切だ。
   見当　価値観　自信　幸運
2) スピーチの原稿は書いたが、まだ練習はしていない。準備ができている（　　　）とは言えない。
   基準　行為　気配　状態
3) 寝ている赤ちゃんを起こさないように（　　　）ドアを閉めた。
   しみじみ　そうっと　ちらちら　ずうっと

13. ☐から言葉を選び、必要なら正しい形に変えて書きましょう。
   扱う　理解する　生きる　掃く
1) 木の葉がたくさん落ちてるから、家の前を（　　　）てくるね。
2) この機械は丁寧に（　　　）ないと、すぐ壊れてしまうので注意してください。
3) 彼女は入院しているが、時々子どもと会えることが（　　　）力につながっているようだ。

14. ☐から正しい言葉を選んで書きましょう。
   以来　おもに　それで　たんに　要するに

ある日、東京出身の友人に「魚をまるまんま食べた」と言ったら、「それ、どういう意味？」と聞かれた。「まるまんま」が東京の人に通じないとは全く驚きだった。「まるまんま」とは「まるごとそのまま」という意味で、大阪では（ ① ）話し言葉で使う表現である。（ ② ）、「魚の頭も骨もぜんぶ食べた」という意味だ。（ ③ ）「魚を全部食べた」と言うより驚いている気持ちが表せて便利な表現だ。私は生まれて（ ④ ）ずっと大阪で育ったが、この「まるまんま」が実は大阪以外の場所ではあまり使われていない表現だとは気づかなかった。

11.
1) ＿＿＿＿
2) ＿＿＿＿
3) ＿＿＿＿する
4) ＿＿＿＿
5) ＿＿＿＿
6) ＿＿＿＿く
7) ＿＿＿＿する
8) ＿＿＿＿う
9) ＿＿＿＿
10) ＿＿＿＿
11) ＿＿＿＿
12) ＿＿＿＿

12.
1) ＿＿＿＿
2) ＿＿＿＿
3) ＿＿＿＿

13.
1) ＿＿＿＿
2) ＿＿＿＿
3) ＿＿＿＿

14.
① ＿＿＿＿
② ＿＿＿＿
③ ＿＿＿＿
④ ＿＿＿＿

第20課

読む・書く

1. 読み方を書きましょう。

1) 理解する
2) 新聞の文化面
3) 尺八の音色
4) 民族
5) 古典
6) 自ら
7) 著書
8) 賞
9) 吹く
10) 重視する
11) 疑問
12) 徹底的な
13) 人口
14) 急速な
15) 増加する
16) 接する
17) 主張する
18) 財産
19) 国籍
20) 宝
21) 含める
22) 伝統文化

2. ☐から正しい言葉を選んで書きましょう。

1) 彼は自分の（　　　）をすべて使って、子ども達のための公園をつくった。

| 宝　　財産　　賞　　貴重品 |

2) 尺八で美しい音を（　　　）のは簡単なことではない。

| 出す　　持つ　　はじく　　使う |

3. ☐から言葉を選び、必要なら正しい形に変えて書きましょう。

| 古典　　国籍　　自ら　　民族　　疑問　　手順　　著書 |

1) 音楽でも文学でも（　　　）を学ぶことは大切だ。
2) 中国にはいくつの（　　　）が住んでいるか知っていますか。
3) 初めての料理を作るときは、先に（　　　）を確認したほうがよい。
4) 彼はあるとき（①　　　）の生き方に（②　　　）を持ち、仕事をやめた。
5) この本は、田中さんの（　　　）の中で一番有名だ。

| 工夫する　　増加する　　接する　　含める　　主張する　　重視する |

6) 互いに欠点も（　　　）て理解し合える人こそ、真の友人だ。
7) このポスター、レイアウトをもう少し（　　　）ほうがいいね。
8) この音楽教室では、演奏の技術だけでなく、耳を育てることも（　　　）ている。

1.
1) ＿＿＿＿＿する
2) ＿＿＿＿＿の
3) ＿＿＿＿＿の
4) ＿＿＿＿＿
5) ＿＿＿＿＿
6) ＿＿＿＿＿ら
7) ＿＿＿＿＿
8) ＿＿＿＿＿
9) ＿＿＿＿＿く
10) ＿＿＿＿＿する
11) ＿＿＿＿＿
12) ＿＿＿＿＿な
13) ＿＿＿＿＿
14) ＿＿＿＿＿な
15) ＿＿＿＿＿する
16) ＿＿＿＿＿する
17) ＿＿＿＿＿する
18) ＿＿＿＿＿
19) ＿＿＿＿＿
20) ＿＿＿＿＿
21) ＿＿＿＿＿める
22) ＿＿＿＿＿

2.
1) ＿＿＿＿＿
2) ＿＿＿＿＿

3.
1) ＿＿＿＿＿
2) ＿＿＿＿＿
3) ＿＿＿＿＿
4) ①＿＿＿＿＿
　 ②＿＿＿＿＿

9) 日本への観光客がこの数年で（　　　　）原因は何だろうか。
10) 父は仕事で若者と（　　　　）機会が多いからか、年齢よりも若く見える。

急速　　厄介（やっかい）　　徹底的　　あっさりと　　斬新（ざんしん）

11) 漢字の（①　　　　）点は、同じ漢字に読み方がいくつもあることだ。覚える方法は（②　　　　）練習しかない。
12) 父は私の留学に反対すると思ったのに、（　　　　）許してくれた。
13) この地域は、（　　　　）経済が発展したために、いろいろな問題が起きている。

話す・聞く

4. 読み方を書きましょう。
1) 終える
2) 実家
3) 世界選手権
4) 昇進する
5) 離れる
6) 特殊な
7) 力強い
8) 響き
9) 慣習
10) 応援する
11) 貴重な
12) 経営者
13) 医師
14) 姿

5. ☐から言葉を選び、必要なら正しい形に変えて書きましょう。

実家　　わがまま　　手作り　　知らせ　　慣習　　姿　　余暇（よか）

1) クリスマスやお正月の（　　　　）は国によって異なる。
2) （①　　　　）の父の具合が悪いという（②　　　　）を受けた。
3) 社会人になった先輩（せんぱい）の（　　　　）を見て、自分も頑張（がんば）ろうと思った。
4) 子どもは、時々（　　　　）を言って親を困らせるものだ。
5) （　　　　）の過ごし方で人生は大きく変わるものだ。

終える　　主催（しゅさい）する　　上がる　　離れる　　頼る　　まとめる　　応援する

6) いつか辞書に（　　　　）ずに新聞が読めるようになりたい。
7) 私はふるさとを（①　　　　）て仕事をしているが、家族はいつも（②　　　　）てくれている。
8) インタビューを（①　　　　）ら、忘れないうちに内容を（②　　　　）おこう。
9) このマラソン大会は、市が（　　　　）ている。

わずか　　力強い　　光栄　　特殊　　さらなる　　貴重

10) 彼は中学生の時に小説を書き始め、（　　　　）16歳の時に文学賞を受賞した。

34

11) 歌舞伎は、俳優がすべて男性という（　　　　）演劇である。
12) 居酒屋でのアルバイトは大変でしたが、（　　　　）経験になりました。
13) 男の子の名前は、（　　　　）響きの名前が多い。
14) はじめまして。お会いできて、（　　　　）です。

文法・練習

6. 読み方を書きましょう。
1) 共同
2) 田植え
3) 毒
4) 経済的な
5) 失業する
6) 悩む
7) 引退する
8) 一致する
9) 延長戦
10) 拍手

7. ＿＿＿の部分とだいたい同じ意味のものを①〜④から選びましょう。
1) 祖母の病気が重いと知って、心配になった。
　　① 多い　　② ひどい　　③ 痛い　　④ 複雑だ
2) 田中さんは海外生活を経験して頭が柔らかくなった。
　　① 髪が柔らかくなった　　② 老人のようになった
　　③ 優しくなった　　④ いろいろな考え方ができるようになった

8. ＿＿＿から言葉を選び、必要なら正しい形に変えて書きましょう。

| 悩む　引退する　一致する　進学する　失業する |

1) 3日間の会議の末、ようやく全員の意見が（　　　　）た。
2) 彼は大学院に（①　　　　）か、それとも就職するか、（②　　　　）いる。
3) 日本には、（　　　　）た人を経済的に助ける制度がある。

| 共同　毒　偽物　拍手　一流 |

4) 先輩と（　　　　）で研究をするのは、いい勉強になる。
5) 演奏が終わらないうちに（　　　　）をするのは失礼だ。
6) （　　　　）と言われるホテルに一度は泊まってみたい。
7) お酒を飲みすぎるのは、体に（　　　　）だよ。

9. ＿＿＿から正しい漢字を選んで書きましょう。

| 費　主義　子　家　人　立　母 |

1) 私（①　　　　）大学の学（②　　　　）は、1年間にどのくらいかかりますか。

8) ①_____
　　②_____
9) _____
10) _____
11) _____
12) _____
13) _____
14) _____

6.
1) _____
2) _____え
3) _____
4) _____な
5) _____する
6) _____む
7) _____する
8) _____する
9) _____
10) _____

7.
1) _____
2) _____

8.
1) _____
2) ①_____
　　②_____
3) _____
4) _____
5) _____
6) _____
7) _____

9.
1) ①_____
　　②_____

35

2）渡辺さんは、(　　　　)猫を2匹飼っている。
3）民主(　　　　)とは、一体何だろうか。
4）20年ぶりに(　　　　)校を訪ねたら、すっかり変わっていた。
5）尺八の演奏(　　　　)は、日本全体でも多くはない。

問題

10. 読み方を書きましょう。
1）張る　　　　　6）夜明け
2）親指　　　　　7）加わる
3）痛む　　　　　8）各地
4）同時　　　　　9）刻む
5）渡る　　　　　10）独立する

11. ☐から言葉を選び、必要なら正しい形に変えて書きましょう。

| 刻む　独立する　交じる　渡る　感激する |

1）先生に論文を褒めてもらって、(　　　　)た。
2）息子は、5年前にフランスに(①　　　)た。今は現地の人々に(②　　　)て、料理の修業をしている。
3）彼は、将来(　　　)て店を持つために、貯金をしているらしい。

| 待ち遠しい　格好良い　優雅 |

4）車やコンピューターなどの機械は、(　　　　)かどうかより性能を見て選ぶべきだ。
5）ああ、疲れた。次の休みが(　　　　)。

| 現地　同時　各地　商品 |

6）このデパートには全国(①　　　)からさまざまな(②　　　)が集まっている。
7）洗濯機などの電気製品のおかげで、複数の家事が(　　　　)にできるようになった。

12. ☐から正しい言葉を選んで書きましょう。

| ようやく　ふと　すんなりと　これからも　それにしても |

ある時(①)目にしたテレビ番組がきっかけで、私はタイのダンスを始めた。西洋のダンスとは全く異なる不思議な動きに魅せられてしまったのだ。東京で先生を見つけて習い始めたが、やってみると思った以上に難しく、(②)はいかなかった。2年続けて(③)1曲踊れるようになった。(④)頑張って、いつか舞台で踊ってみたい。

2）＿＿＿＿＿
3）＿＿＿＿＿
4）＿＿＿＿＿
5）＿＿＿＿＿

10.
1）＿＿＿＿る
2）＿＿＿＿＿
3）＿＿＿＿む
4）＿＿＿＿＿
5）＿＿＿＿る
6）＿＿＿＿け
7）＿＿＿わる
8）＿＿＿＿＿
9）＿＿＿＿む
10）＿＿＿する

11.
1）＿＿＿＿＿
2）①＿＿＿＿
　②＿＿＿＿
3）＿＿＿＿＿
4）＿＿＿＿＿
5）＿＿＿＿＿
6）①＿＿＿＿
　②＿＿＿＿
7）＿＿＿＿＿

12.
①＿＿＿＿＿
②＿＿＿＿＿
③＿＿＿＿＿
④＿＿＿＿＿

第21課

読む・書く

1. 読み方を書きましょう。

1) 飲み水
2) 運賃
3) 飯
4) 代金
5) 目立つ
6) 質を落とす
7) 炊く
8) 大半
9) 地下水
10) 豊富な
11) 湧く
12) 汚れる
13) 訳す
14) 周辺
15) 崩れる
16) 共通する
17) 一方的
18) 雨水
19) 入り込む
20) 単語

2. ＿＿＿の部分とだいたい同じ意味のものを①～④から選びましょう。

1) 運賃はここで払ってください。（　）
　① 船で手紙を運ぶ料金　② バスや電車などに乗るときの料金
　③ 特別な道路を通るための料金　④ 自転車の駐車料金

2) 息子は中学生になってもすぐに熱を出すので、近所の子ども病院とは縁が切れない。（　）
　① だんだん行かなくなってきた　② ますます関係が深くなってきた
　③ 大人の病院に行くことにしている　④ 前からの関係が続いている

3. ＿＿＿から言葉を選び、必要なら正しい形に変えて書きましょう。

1) このコーヒー、砂糖を（　　　）入れたでしょう？　甘すぎる！
　　ぴったり　たっぷり　しっかり　ちゃんと

2) 父はおいしい料理を作るためなら、お金に（　　　）をつけず、いつも良い材料を買っていた。
　　質　口座　代金　糸目

3) 体の調子が悪いんだったら、病院に行ったほうがいいよ。
　…分かってる。次の仕事の交渉が（　　　）だら、病院で検査を受けるよ。
　　盗む　済む　飛ぶ　つかむ

4) 注文する飲み物が（　　　）たら、店員を呼ぼう。
　　申し出る　認める　決まる　差し上げる

1.
1) 　　み　　
2)
3)
4)
5) 　　　　つ
6) 　　を　とす
7) 　　　　く
8)
9)
10) 　　　　な
11) 　　　　く
12) 　　　　れる
13) 　　　　す
14)
15) 　　　　れる
16) 　　　　する
17)
18)
19) 　　　り　む
20)

2.
1)
2)

3.
1)
2)
3)
4)

5）計画（　　　）は悪くなかったが、実行に移してみたら難しいことに気がついた。

　　| 指定　自体　自信　事態 |

4. ▢から言葉を選び、必要なら正しい形に変えて書きましょう。

　　| 破壊(はかい)する　分解する　吟味(ぎんみ)する　炊く
　　仕立てる　くむ　目立つ　訳す |

1）ごはんを（　　　）ている間に、おかずを作ろう。
2）白い服にしょうゆをこぼしたら、汚れが（　　　）よ。気をつけて食べて。
3）「もったいない」という日本語は外国語に（　　　）のが難しい。
4）このお城は戦争で何度も（　　　）れたらしい。
5）すてきなシャツですね。タワポンさんにぴったりでお似合いです。
　　…ありがとうございます。バンコックの店で（　　　）てもらったんです。
6）先生へのお土産(みやげ)は何にしましたか。
　　…先生はお茶がお好きだから、日本のお茶を（　　　）て選びました。
7）この村には水道がなく、川まで水を（　　　）に行かなければならない。

話す・聞く

5. 読み方を書きましょう。

1）進む
2）図表
3）減少する
4）興味深い
5）調理済み
6）外部化
7）再び
8）囲む
9）回答する
10）新型
11）増減する
12）外的な
13）信頼性
14）進学率
15）上昇する
16）基づく

6. ▢から正しい言葉を選んで書きましょう。

1）サンドイッチは（　　　）食べ物として人気がある。

　　| 斬新(ざんしん)な　興味深い　格好(かっこう)良い　手軽な |

2）これは（　　　）に知られてはいけない会社の秘密だ。

　　| 先頭　全体　代々　外部 |

38

3）何度か注意したにもかかわらず、（　　　　　）彼は自分の考えを改めない。

　　| 必死に　依然　たんに　急速に |

7. ▭から言葉を選び、必要なら正しい形に変えて書きましょう。

　　| 回答する　上昇する　とる　囲む　調理する　済む |

1）台風が通過した後は湿気が多くて、気温も（　　　　　）ことが多い。
2）大切な言葉を丸で（　　　　　）から、ゆっくり読んでください。
3）ねえ、このカレー、海外の工場で（　　　　　）てるんだって。
　　…価格競争があるからね。安く作って利益を上げたいんじゃない？
4）100人にアンケート調査をしたところ、90人が（　　　　　）てくれた。
5）午後の会議は食事を（　　　　　）たあと、1時から始めます。

文法・練習

8. 読み方を書きましょう。

1）許可を得る　　　　8）判断する
2）俳句　　　　　　　9）検討する
3）基本　　　　　　　10）安全基準
4）化粧する　　　　　11）責任
5）不器用な　　　　　12）莫大な
6）使用量　　　　　　13）貢献する
7）評論家　　　　　　14）障害

9. ▭から言葉を選び、必要なら正しい形に変えて書きましょう。

　　| 出産する　得る　報道する　深める　湧く |

1）入院中だが、医者の許可を（　　　　　）て外出することができた。
2）昨夜インドで大きな地震があったとニュースで（　　　　　）れている。
3）この地域に住んでいる外国人との交流を（　　　　　）ために、パーティーを開くことにした。
4）子どもを（　　　　　）あと、仕事を一年休んでいた。

10. ▭から言葉を選び、必要なら正しい形に変えて書きましょう。

　　| 判断する　購入する　検討する　貢献する　増減する |

1）ボランティア活動を通して、市民生活の向上に（　　　　　）たい。
2）今の空の様子から（　　　　　）と、たぶん午後は雨になる。
3）インターネットで海外の演奏会の切符を（　　　　　）しました。

4）その会社は新しいケータイ料金プランを（　　　　）ているが、まだ決まっていない。

列　　けち　　年輪　　極上

5）ラーメン店の前には長い（　　　　）ができていた。急いでいたので、私は並ばなかった。

6）森(もり)さんは年を重ねているので、話し方にもそれなりの（　　　　）を感じさせる。

7）夫は（　　　　）なのではない。環境のことを考えて節電しているだけだ。

4）_____
5）_____
6）_____
7）_____

問題

11. 読み方を書きましょう。
1）総消費量
2）冷凍
3）腐る
4）季節外れ

11.
1）_____
2）_____
3）_____る
4）_____れ

12. ☐から正しい言葉を選んで書きましょう。

あらゆる　　せいぜい　　およそ　　いわゆる

1）この人形はどんなに頑張(がんば)っても、私一人では1日に（　　　　）5個ぐらいしか作れない。
2）会社は（　　　　）方法でコストを減らすことを考えている。
3）この島には（　　　　）180種の生物がいるらしいが、正確な数は分からない。

12.
1）_____
2）_____
3）_____

13. ☐から正しい言葉を選んで書きましょう。

要するに　　たっぷり　　再び　　そこで　　それに

　庭でトマトを育てている。今までは毎日（①）水をやっていたが、今年はあまりやらないようにしている。水をやらないで育てたトマトは、まるで果物(くだもの)のように甘くなるからだ。トマトにとっても水は欠かせないものである。水が不足すると、トマトは自分の生命が危ないと感じる。（②）、トマトは自分が枯れてしまったときのために、子どもを作ろうとし、そのために一生懸命実を甘くしようとする。実が甘くなるといいにおいがする。すると、そのにおいに誘われて鳥が集まってきて実を食べてくれる。実を食べた鳥は種(たね)を土の上に落とすので、種から（③）新しい生命が育つというわけだ。（④）、トマトは水が足(た)りなくなると、子孫(しそん)を残すために実を甘くするのだ。

※ 種…seed(s)　　子孫…descendant

13.
①_____
②_____
③_____
④_____

第19〜21課 復習

1. ☐から漢字を一つ選んで言葉を作りましょう。

　　| 分　書　無　化　未　有 |

　例) 報告☐　教科☐　白☐　（　　）
　1) 電☐　外部☐　機械☐　（　　）
　2) ☐経験　☐成年　☐払い金　（　　）
　3) ☐用　☐料　☐視　（　　）
　4) ☐数　☐料　☐名　（　　）

1.
例)＿＿書＿＿
1)＿＿＿＿＿＿
2)＿＿＿＿＿＿
3)＿＿＿＿＿＿
4)＿＿＿＿＿＿

2. ☐から正しい言葉を選んで書きましょう。

　　| レギュラー　モーター　タイヤ |

　1) この自転車は（　　　　）が小さいから、速く走れない。
　2) このエアコンは（　　　　）の音がうるさい。

　　| すんなり　そうっと　たっぷり　おだやかに　ホッと |

　3) 発表、どうだった？
　　…うまくいったよ。今温かいお茶を飲んで、（　　　　）しているところだよ。
　4) 子どものときアメリカに住んでいたので、大人になった今でも英語は（　　　　）耳に入ってくる。
　5) 赤ちゃんが寝ているから、廊下は（　　　　）歩いてください。
　6) このスカートは布を（　　　　）使っているから、歩くときれいに広がる。

2.
1)＿＿＿＿＿＿
2)＿＿＿＿＿＿
3)＿＿＿＿＿＿
4)＿＿＿＿＿＿
5)＿＿＿＿＿＿
6)＿＿＿＿＿＿

3. ☐から言葉を選び、必要なら正しい形に変えて書きましょう。

　　| 不器用　よしあし　けち |

　1) 部長は（　　　　）のではなく、節約をするのが上手なんです。
　2) 日本酒の（　　　　）は、ほとんどの場合、お米と水がおいしいかどうかで決まる。

　　| 結びつく　普及する　気になる　身につく　養う　身につける |

　3) 新聞を毎日読めば、だんだん読む力が（　　　　）てくるらしい。
　4) 子どもの想像力を（　　　　）ために、絵を描かせている。
　5) 日本料理が世界に（　　　　）ように努めたいと思う。
　6) ロボコンは教育的効果に（　　　　）ている。
　7) 雨の音が（　　　　）て、眠れない。

3.
1)＿＿＿＿＿＿
2)＿＿＿＿＿＿
3)＿＿＿＿＿＿
4)＿＿＿＿＿＿
5)＿＿＿＿＿＿
6)＿＿＿＿＿＿
7)＿＿＿＿＿＿

| 清掃する　扱う　回収する　期待する |

8) この地域では、毎週水曜日に燃えるゴミを（　　）車が来ます。
9) 私の会社では毎年12月28日に社員全員で（　　）ことになっています。
10) これは祖父(そふ)が大切にしている食器で、丁寧(ていねい)に（　　）ないとしかられる。

8) _____
9) _____
10) _____

4. ____から正しい言葉を選んで書きましょう。

| 伝統　世帯　誇り　空想　覚悟　安全基準 |

1) もしこのプロジェクトに失敗したら、会社をやめる（　　）はできている。
2) （　　）あるこの店の技術を若い世代の人に受け継(う)いでもらいたい。
3) 自分の仕事に（　　）を持っている父を尊敬している。
4) この会社は厳(きび)しいテストを実施した上で製品の（　　）を決定した。
5) 都会では小さい子どものいる（　　）が減っているそうだ。

4.
1) _____
2) _____
3) _____
4) _____
5) _____

5. ____から正しい言葉を選んで書きましょう。

| おまけに　常に　いかに　要するに |
| おもに　本来　いかにも |

　老人体験装置というものがある。（①）この装置は、介護(かいご)ロボットの開発のために作られたものである。しかし、最近は（②）大学などで、若者に老人の気持ちを理解させるために用いられている。老人は80歳の頃(ころ)になると病気でなくても（③）体が重く感じられるらしい。立っているだけでも大変なのだという。しかし、若者にはこのことは理解しにくい。それで、大学生たちにこの装置を身につけて町を歩いてもらうのだ。そうすると、腕と足が鉄のように重くて、歩きにくいことが分かる。階段は途中で休まないと上まで昇れない。そして、横断歩道も信号が青のうちに最後まで渡り切ることができない。（④）、汚れたメガネをかけさせられているので、看板の字も読みにくい。（⑤）、この装置をつけた若者は、老人が社会で生活を送るのが（⑥）大変か、分かるようになるのだ。この装置を使うと、老人に親切になる若者が増えるという。

5.
① _____
② _____
③ _____
④ _____
⑤ _____
⑥ _____

第22課

読む・書く

1. 読み方を書きましょう。
   1) 死亡記事
   2) 依頼状
   3) 通信手段
   4) 拝啓
   5) 目下の課題
   6) 執筆する
   7) 人物
   8) 抱く
   9) 承知する
   10) 隔てる
   11) 主義
   12) 宗教
   13) 通す
   14) 制作する
   15) 功績
   16) 迎える
   17) 団体
   18) 御中

2. ＿＿＿の部分とだいたい同じ意味のものを①〜④から選びましょう。
   1) 隣の市にかつて類をみない美術館がつくられたそうだ。
      ① 比べるものがない　　② おもしろい
      ③ 展示品の種類が少ない　　④ 重要な
   2) 玉稿をたまわり、心より感謝申し上げます。
      ① 新しい原稿　　② 珍しい原稿
      ③ あなたのお書きになった原稿　　④ 難しい原稿

3. ＿＿から正しい言葉を選んで書きましょう。
   1) 山田氏は大変話好きな人であった。（　　　）は、後輩だった私をよく食事に誘ってくれ、いつも楽しい話を聞かせてくれた。
      | 人物　氏　指名　人名 |
   2) （①　　　）によると、彼は外では酒を飲まない（②　　　）だったようだ。
      | 主義　功績　伝記　業績 |

4. ＿＿から言葉を選び、必要なら正しい形に変えて書きましょう。
   | 依頼　承知　執筆　意図　開催　制作 |
   1) ご（①　　　）のとおり、午後5時から歓迎会が（②　　　）されますので、ホールにお集まりください。
   2) 目下、出版社に（①　　　）された原稿を（②　　　）中なので、他の仕事をするのは難しい。
   3) 彼は一体何を（　　　）して、こんな手紙を書いたのだろう。

1.
1) ＿＿＿
2) ＿＿＿
3) ＿＿＿
4) ＿＿＿
5) ＿＿＿の＿＿＿
6) ＿＿＿する
7) ＿＿＿
8) ＿＿＿く
9) ＿＿＿する
10) ＿＿＿てる
11) ＿＿＿
12) ＿＿＿
13) ＿＿＿す
14) ＿＿＿する
15) ＿＿＿
16) ＿＿＿える
17) ＿＿＿
18) ＿＿＿

2.
1) ＿＿＿
2) ＿＿＿

3.
1) ＿＿＿
2) ①＿＿＿
   ②＿＿＿

4.
1) ①＿＿＿
   ②＿＿＿
2) ①＿＿＿
   ②＿＿＿
3) ＿＿＿

| 隔てる　迎える　抱く　通す　振り返る |

4）新年を（①　　　）前に、今年1年を（②　　　）てみよう。

5）この作家は生涯（しょうがい）を独身で（①　　　）た。しかし、そんな彼でも愛情を（②　　　）た女性は何人かいたと言われている。

| 生　手段　宗教　心得　意義 |

6）（①　　　）と死の問題を考えることは、（②　　　）のあることだ。

7）毎年ヨーロッパへ出かけている友達に海外旅行の（　　　）を教えてもらった。

8）日本人は、特定の（　　　）を信じない人が多いと言われている。

話す・聞く

5. 読み方を書きましょう。

1）遠慮がち　　　　　7）積極的な
2）意思　　　　　　　8）任せる
3）恩恵　　　　　　　9）発想
4）不公平感　　　　10）値上げ
5）育児休暇　　　　11）安易な
6）子育て　　　　　12）仕方がない

6. ☐から言葉を選び、必要なら正しい形に変えて書きましょう。

| ためらう　任せる　縛（しば）る　転換する |

1）経済的な不安のために結婚を（　　　）若者が増えているという。
2）古い慣習に（　　　）れずに生きたいものだ。
3）研究がうまく進まないときは、思い切って考えを（　　　）といい。
4）彼女は経験豊富だから、安心して仕事を（　　　）れる。

| ゼミ　恩恵　カギ　レベル　スライド　意見交換　値上げ |

5）日本語が上達するための（　　　）は、とにかく毎日使うことだ。
6）景気はかなりよくなっているが、一般の人々はその（　　　）をあまり感じていないようだ。
7）次の発表会のテーマについて、（①　　　）で（②　　　）をした。
8）帰国してからも日本語の（　　　）を維持するためにはどうすればよいだろう。
9）食料品の（　　　）は、生活への影響が大きい。

| 積極的　安易　率直　仕方　不公平 |

10）（　　　）言うと、このようなイベントはあまり意味がないと思います。

4) ①＿＿＿＿＿
　 ②＿＿＿＿＿
5) ①＿＿＿＿＿
　 ②＿＿＿＿＿
6) ①＿＿＿＿＿
　 ②＿＿＿＿＿
7) ＿＿＿＿＿
8) ＿＿＿＿＿

5.
1) ＿＿＿＿＿がち
2) ＿＿＿＿＿
3) ＿＿＿＿＿
4) ＿＿＿＿＿
5) ＿＿＿＿＿
6) ＿＿＿＿＿て
7) ＿＿＿＿＿な
8) ＿＿＿＿＿せる
9) ＿＿＿＿＿
10) ＿＿＿＿＿げ
11) ＿＿＿＿＿な
12) ＿＿＿＿＿がない

6.
1) ＿＿＿＿＿
2) ＿＿＿＿＿
3) ＿＿＿＿＿
4) ＿＿＿＿＿
5) ＿＿＿＿＿
6) ＿＿＿＿＿
7) ①＿＿＿＿＿
　 ②＿＿＿＿＿
8) ＿＿＿＿＿
9) ＿＿＿＿＿
10) ＿＿＿＿＿

11) 育児休暇を男性が取りにくいのは（①　　　）がないよね。
　　…そうかな？　女性ばかりが取らなきゃいけないっていうのは、
　　（②　　　）じゃない？
12) インターネットの情報に（　　　）頼らないで、きちんと本を読んで調べなさい。

文法・練習

7. 読み方を書きましょう。
1) 出席率
2) 皆様
3) 通訳
4) 発達する
5) 待ち望む
6) 機嫌
7) 突く
8) 思想
9) 労働条件
10) 整備する
11) 地面
12) 凍る
13) 王様
14) 幼い
15) 貧しい
16) 援助する
17) 刺激する
18) 食料
19) 不確か
20) 児童公園

8. ☐から言葉を選び、必要なら正しい形に変えて書きましょう。

　　　移転する　左右する　たまる　突く　甘やかす　発達する

1) この工場は来月、市の郊外へ（　　　）予定だ。
2) 彼の主張は、環境問題の本質を（　　　）いる。
3) 農業は、結果が天気に（　　　）のが難しい点だ。
4) ペットの犬がいくらかわいくても、（　　　）てはいけない。
5) 雨の日が続いて、洗濯物が（　　　）しまった。

　　　倍　　他人　　機嫌　　思想　　童話

6) （　　　）が良くなったり悪くなったり、よく変わる人を「お天気屋」という。
7) この国では、パンの値段が1年で（　　　）になったそうだ。
8) 「遠くの親戚より近くの（　　　）」って、どういう意味ですか。
9) 中国の古代の（　　　）は日本の文化にも大きな影響を与えている。

　　　不確か　　貧しい　　幼い

10) 彼女は（　　　）家庭の子どもを助けるボランティアをしている。
11) 彼は年齢のわりに（　　　）く見える。

11) ①＿＿＿＿＿
　　　②＿＿＿＿＿
12) ＿＿＿＿＿

7.
1) ＿＿＿＿＿
2) ＿＿＿＿＿
3) ＿＿＿＿＿
4) ＿＿＿＿＿する
5) ＿＿＿ち＿＿む
6) ＿＿＿＿＿
7) ＿＿＿＿＿く
8) ＿＿＿＿＿
9) ＿＿＿＿＿
10) ＿＿＿＿＿する
11) ＿＿＿＿＿
12) ＿＿＿＿＿る
13) ＿＿＿＿＿
14) ＿＿＿＿＿い
15) ＿＿＿＿＿しい
16) ＿＿＿＿＿する
17) ＿＿＿＿＿する
18) ＿＿＿＿＿
19) ＿＿＿＿＿か
20) ＿＿＿＿＿

8.
1) ＿＿＿＿＿
2) ＿＿＿＿＿
3) ＿＿＿＿＿
4) ＿＿＿＿＿
5) ＿＿＿＿＿
6) ＿＿＿＿＿
7) ＿＿＿＿＿
8) ＿＿＿＿＿
9) ＿＿＿＿＿
10) ＿＿＿＿＿
11) ＿＿＿＿＿

9. ☐から正しい漢字を選んで書きましょう。

　　| 率　期　力　論　証　説 |

1)［警官が運転手に］運転免許（　　　）を見せてください。
2) 私が生まれたのは、経済成長（　　　）の終わり頃だ。
3) 世界で最初に地動（　　　）を唱えた人は誰でしたっけ？
4) 少子化の問題の一つは、将来国の労働（　　　）が不足することだ。
5) この薬が開発されたおかげで、子どもの死亡（　　　）が急速に下がった。

問題

10. 読み方を書きましょう。
1) 公平　　　　　　　6) 打ち合わせ
2) 社会保障　　　　　7) 日程
3) 科目　　　　　　　8) 用件
4) 爆発　　　　　　　9) 息
5) 深刻な　　　　　　10) 響く

11. ☐から言葉を選び、必要なら正しい形に変えて書きましょう。

　　| 鑑賞する　響く　展示する　生む |

1) 上の階の工事の音が（　　　）て、テレビの音が聞こえない。
2) この喫茶店では、お茶を飲みながら、壁に（①　　　）れている絵を（②　　　）することができる。

　　| 日程　用件　息　科目　詳細 |

3) わが家で15年暮らした愛犬ポチは、家族に見守られて（　　　）を引き取った。
4) 仕事のメールは、（　　　）を分かりやすく書くことが重要だ。
5) 国際会議の（①　　　）は以下の通りです。(②　　　)については、ホームページをご覧ください。

12. ☐から正しい言葉を選んで書きましょう。

　　| せめて　はたして　日頃　めったに |

　テレビのニュースによると、日本人の墓に対する考え方が最近変わってきたそうだ。一言で言えば、墓を家のものではなく、個人のものと考える人が増えているという。ある60代の主婦は、一家の墓があるのに、自分一人のための墓を別に用意した。（　①　）家族の世話で大変なので、（　②　）死んだ後ぐらいは、一人でゆっくりしたいのだそうだ。昔の日本では考えられなかった話だ。50年後、100年後の日本の墓は（　③　）どうなっているだろうか。

※墓…grave

第23課

読む・書く

1. 読み方を書きましょう。

1) 悲劇
2) 酸性雨
3) 生物
4) 絶滅
5) 大気汚染
6) 現れる
7) 物語
8) 水資源
9) 山林
10) 酸素
11) 少々
12) 海洋
13) 神話
14) 自然科学
15) 人文科学
16) 解決策
17) 縮小する
18) 明確な
19) 確率
20) 段階
21) 記号
22) 荒れる
23) 植物
24) 工業
25) 温度
26) 設定する

2. ☐から言葉を選び、必要なら正しい形に変えて書きましょう。

| 記号　道徳　悲劇　神話　教訓　確率 |

1) 昔の話には、「人はまじめに働くべきだ」などの（　　　）が入っていることが多い。
2) 誰も見ていなくても信号を守るべきですよね。
　…そうですね。それは（　　　）的に正しいことですよね。
3) ギリシアやローマ時代の（　　　）は、ヨーロッパの文化を理解するうえで重要だ。
4) 「！」「？」などの（　　　）は目上の人へのメールには使わないほうがいい。
5) このチームは弱いので、優勝する（　　　）は低い。

| 明らか　きりがない　不愉快　無数　不可欠 |

6) 植物が育つために（　　　）のは、水と光だ。
7) 宇宙には（　　　）星があって、名前のない星も多い。
8) この作文って、本当に起こった事実だけを書かなくちゃいけないの？
　…（　　　）事実と違うことはダメみたいよ。
9) これまでの彼の失敗は数えあげると（　　　）。

1.
1) _____
2) _____
3) _____
4) _____
5) _____
6) _____れる
7) _____
8) _____
9) _____
10) _____
11) _____
12) _____
13) _____
14) _____
15) _____
16) _____
17) _____する
18) _____な
19) _____
20) _____
21) _____
22) _____れる
23) _____
24) _____
25) _____
26) _____する

2.
1) _____
2) _____
3) _____
4) _____
5) _____

荒廃する　懲りる　汚れる　組み込む　縮小する　あげる

10) 息子はあまり練習しなかったので、今日の発表は失敗だったそうだ。これに（　　　　）て、もっとよく準備するようになってほしい。

11) この会社は経費を削るために、工場の規模を（　　　　）ことにしている。

12) いじめや登校拒否などの問題が増加して、この国の教育は（　　　　）ているらしい。

13) この工場では利益を（　　　　）ために新しい機械を導入した。

14) ボランティア活動を授業に（　　　　）ことを提案します。

話す・聞く

3. 読み方を書きましょう。
1) 偶然
2) 木材
3) 天然記念物
4) 拡大する
5) 現状
6) 故郷

4. ◯◯◯から言葉を選び、必要なら正しい形に変えて書きましょう。

木材　　しっぽ　　食糧　　使い道　　偶然

1) このお皿、大きすぎて（　　　　）がない。

2) 昔は山で切った（　　　　）を町まで運ぶのが大変だったので、川に流して運んだそうだ。

3) 21世紀は世界の（　　　　）問題の解決が大きな課題となるだろう。

4) うちの犬は父が帰ってくると、（　　　　）を振って喜ぶ。

変動する　持続する　保護する　拡大する　共通する

5) 絶滅の恐れがある動物を（　　　　）なければならない。

6) 1ドルがいくらになるかは毎日（　　　　）ものなので注意が必要だ。

7) 祖母が、小さくて見えないと言うので、ケータイの文字を（　　　　）てあげた。

8) 一時的でなく、長い間（　　　　）できる教育方法を考えたい。

文法・練習

5. 読み方を書きましょう。

1）学力　　　　　9）訪ねる
2）努力家　　　10）火災
3）非常時　　　11）義務づける
4）お礼の品　　12）通学する
5）愛情　　　　13）親友
6）引っ張る　　14）食物
7）調査が進む　15）社会科
8）機器　　　　16）地理

6. ◻︎から正しい言葉を選んで書きましょう。

　　火災　　食物　　社会科　　食事

1）入院したことがきっかけで、（　　　）や環境の問題に興味を持つようになった。
2）小学校のとき、（　　　）の授業でチョコレートを造る工場を訪ねたことがある。
3）昼の12時頃に起きた地震により、昼食の準備をしていた場所から（　　　）が起きた。

　　非常時　杖　品　機器　愛情　努力家　物語

4）結婚してから何年も経つが、（　　　）が薄れることはない。
5）地震などの（　　　）に備えて、水と食料を用意している。
6）友人の結婚祝いの（　　　）として丸い時計を選んだ。
7）ここではケータイなどの（　　　）はスイッチをお切りください。
8）彼は初めは成績が良くなかったけど、よく勉強したので、今ではクラスで一番だよ。
　　…すごいね、（　　　）なんだね。
9）足が痛いので、（　　　）を使って歩いている。

7. ◻︎から言葉を選び、必要なら正しい形に変えて書きましょう。

　　引っ張る　　染まる　　高まる　　進む　　得る

1）赤いズボンといっしょに洗濯したら、白いシャツがピンクに（　　　）てしまった。
2）オリンピックが近づき、選手たちの緊張も（　　　）てきている。
3）もう少し調査が（　　　）だら、詳しいことがわかるだろう。
4）このトイレはひもを（　　　）と、水が流れる。

5.
1)＿＿＿＿
2)＿＿＿＿
3)＿＿＿＿
4)お　　の
5)＿＿＿＿
6)＿＿っ＿る
7)＿＿が＿む
8)＿＿＿＿
9)＿＿ねる
10)＿＿＿＿
11)＿＿づける
12)＿＿する
13)＿＿＿＿
14)＿＿＿＿
15)＿＿＿＿
16)＿＿＿＿

6.
1)＿＿＿＿
2)＿＿＿＿
3)＿＿＿＿
4)＿＿＿＿
5)＿＿＿＿
6)＿＿＿＿
7)＿＿＿＿
8)＿＿＿＿
9)＿＿＿＿

7.
1)＿＿＿＿
2)＿＿＿＿
3)＿＿＿＿
4)＿＿＿＿

問題

8. 読み方を書きましょう。
1) 農家
2) 蓄える
3) 蒸発する
4) 漁師
5) 蛍光灯
6) 栄養分
7) 循環する
8) 消費する

8.
1) ＿＿＿＿
2) ＿＿＿＿える
3) ＿＿＿＿する
4) ＿＿＿＿
5) ＿＿＿＿
6) ＿＿＿＿
7) ＿＿＿＿する
8) ＿＿＿＿する

9. ☐から言葉を選び、必要なら正しい形に変えて書きましょう。

消費する　共通する　蓄える　循環する

1) 地震が起きた時のために、この箱の中に食料を（　　　）ている。
2) このバスは町の中を（　　　）ているので、また同じ場所に戻ってくる。
3) ニュースによると、この冬は寒いので、石油を（　　　）量が増えているらしい。

9.
1) ＿＿＿＿
2) ＿＿＿＿
3) ＿＿＿＿

10. ☐から正しい言葉を選んで書きましょう。

現在　ますます　ところが　結局　おもに　その後

1939年、ドイツがポーランドに入ったことがきっかけで戦争が始まった。その当時、杉原千畝（すぎはらちうね）という人はリトアニアの日本領事館の外交官だった。1940年6月になると、戦争は（ ① ）激しくなり、逃げる場所がなくなったユダヤ人たちが領事館へやって来た。1940年7月18日の朝のことだった。リトアニアの日本領事館の前に100人以上の人々が集まってきた。ナチス・ドイツから逃げるためには、日本かロシアのビザを取る以外になかったからである。杉原は「人間として拒否（きょひ）できない」として、日本の外務省（がいむしょう）にビザの発行を許可するよう求めた。（ ② ）、外務省からの返事は「ノー」だった。杉原は数日間よく考えたが、（ ③ ）、「人々を見捨てるわけにはいかない」と言って決断した。彼は外務省の命令を聞かずに、ユダヤ人の要望に応じてビザを出し続けたのだ。彼の出したビザのおかげで助かったユダヤ人は6,000人にのぼった。杉原は（ ④ ）、外交官をやめて会社員になったが、「私のしたことは外交官としては間違いだったかもしれない。しかし、それは人間としては道徳上正しい行動だった」と語ったそうだ。（ ⑤ ）、リトアニアには杉原の名前のついた通りがある。

※領事館…consulate　　外交官…diplomat
外務省…Ministry of Foreign Affairs　　見捨てる…abandon

10.
① ＿＿＿＿
② ＿＿＿＿
③ ＿＿＿＿
④ ＿＿＿＿
⑤ ＿＿＿＿

第24課

読む・書く

1. 読み方を書きましょう。

1) 型
2) 約束事
3) 服装
4) お能
5) 見渡す
6) 衣類
7) 絶える
8) 山奥
9) 面倒くさい
10) 糸
11) 破る
12) 不自由な
13) 社会人
14) 天才
15) 話相手
16) 切実な
17) 肉体
18) 滅びる
19) 鐘
20) 唯一

2. ☐から言葉を選び、必要なら正しい形に変えて書きましょう。

| 型　　もと　　肉体　　たより　　後(のち)　　天才　　糸 |

1) 故郷を離れて生活している今、一番の（　　　）は友人だ。
2) 不安な時におなかが痛くなったりするのは、精神と（　　　）が深い関係にあるからだ。
3) 偉大な（①　　　）は、同じ時代の人に理解されず、（②　　　）の世の人に評価されるということがある。
4) 「失敗は成功の（　　　）」という言葉があるけれど、僕の場合は失敗ばかりで一度も成功したことがない。
5) 茶道も華道も、決まった（　　　）を覚えることから始まる。

| 破る　　滅びる　　うらやむ　　近づく　　残す　　生産する |

6) 彼女はその科学的発見によって、歴史に名を（　　　）ことになった。
7) 他人を（　　　）も何も始まらない。自分のやるべきことをやるだけだ。
8) 娘：お父さん、カレーの味、どう？　私が作ったのよ。
　　父：うまいよ。お母さんの味に（　　　）てきたな。
9) この工場では、自動車の部品が（　　　）ている。
10) 規則を（　　　）と、学校をやめなくてはならない場合がある。

| 面倒くさい　　不自由　　切実　　おろか　　唯一 |

11) 駅や道路には、体の（　　　）人のためにさまざまな安全対策がなされている。

1.
1) ＿＿＿
2) ＿＿＿
3) ＿＿＿
4) お＿＿
5) ＿＿す
6) ＿＿＿
7) ＿＿える
8) ＿＿＿
9) ＿＿くさい
10) ＿＿＿
11) ＿＿る
12) ＿＿な
13) ＿＿＿
14) ＿＿＿
15) ＿＿＿
16) ＿＿な
17) ＿＿＿
18) ＿＿びる
19) ＿＿＿
20) ＿＿＿

2.
1) ＿＿＿
2) ＿＿＿
3) ①＿＿
　 ②＿＿
4) ＿＿＿
5) ＿＿＿
6) ＿＿＿
7) ＿＿＿
8) ＿＿＿
9) ＿＿＿
10) ＿＿＿
11) ＿＿＿

12) 会社の同僚（どうりょう）との付き合いが（　　　）と言う若い社員が増えているそうだ。

13) 奨学金（しょうがくきん）を（　　　）希望する学生の声を政府はもっと聞くべきだ。

14) この店は味もサービスもよく、値段も安い。（　　　）問題なのは駅から遠いことだ。

話す・聞く

3. 読み方を書きましょう。

1) 就職試験
2) 面接
3) 製作会社
4) 志望動機
5) 意志
6) 事業
7) 農産物
8) 確保する
9) 出会い
10) 香り
11) 衝撃的な
12) 贅沢な
13) 科学技術
14) 就く
15) 専門性
16) 専攻する
17) 応用する
18) 実績
19) 化粧品
20) 健康食品
21) 積む
22) 突っ込む
23) 配偶者
24) 短所
25) 長所
26) 適性

4. 　　　の部分とだいたい同じ意味のものを①～④から選びましょう。

1) 記者会見のときはどこを突っ込まれても大丈夫なように準備をしておくべきだ。
　① いつ止められても　　② 何を質問されても
　③ 誰（だれ）に聞かれても　　④ どんなことが起こっても

2) 会費を値上げするという案に対しては否定的な意見が多い。
　① 反対だという人が多い　　② 答えない人が多い
　③ よく分からない人が多い
　④ 値下げしたほうがいいと言う人が多い

5. 　　　と反対の意味の言葉を書きましょう。

例）今日は暑いです。⇔（　　　）
1) 自分の長所について話してください。⇔（　　　）
2) 彼は貧しい食生活を送っている。⇔（　　　）

52

6. ☐から言葉を選び、必要なら正しい形に変えて書きましょう。

積む　就く　応用する　つける　専攻する　流れる

1) 大学で（①　　　　）経済学の知識を生かせる仕事に（②　　　　）たい。
2) この店では、いつもジャズが静かに（　　　　）ている。
3) 最新の技術を身に（　　　　）ために、研修に参加した。
4) 医師になるためには、大学で勉強した後、病院で何年も経験を（　　　　）なければならない。

出会い　実績　有無　専門性　志望　配偶者

5) 入学試験の面接では、（　　　　）の動機を必ず聞かれる。
6) アニメとの（　　　　）がきっかけで日本語学習を始める人は多い。
7) ［サークルの部員募集のポスター］初心者歓迎。経験の（　　　　）は問いません。
8) 将来、（　　　　）の高い仕事に就くために大学院への進学を決めた。
9) 山本選手は、世界選手権で2回優勝した（　　　　）を持っている。

文法・練習

7. 読み方を書きましょう。

1) 許す
2) 胸
3) 協力
4) 下駄
5) 非常用
6) 別れ
7) 恐怖
8) 熱心
9) 神
10) 失恋

8. ☐から言葉を選び、必要なら正しい形に変えて書きましょう。

起こす　励む　出る　許す

1) 他人のデザインを無断で使うなんて、（　　　　）れることではない。
2) 彼は行動を（　　　　）まで時間がかかるが、一度始めたら最後までやり通す。
3) 会議を何時間も延長して話し合ったが、結局、結論は（　　　　）。

恐怖　別れ　ねじ　胸　失恋　ジャンル

4) 渡辺さんは、音楽なら（　　　　）を問わず何でもよく知っている。
5) 初めて地震を経験した時は、（　　　　）のあまり動けなかった。
6) 出会いがあれば、必ず（　　　　）がある。これは仕方がないことだ。
7) 卒業生は全員、（　　　　）に赤いバラをつけている。
8) 鈴木さん、最近、元気ないね。（　　　　）でもしたのかな。

問題

9. 読み方を書きましょう。
1) 就職活動
2) 比較
3) 推薦
4) 全力
5) 運営
6) 履歴書
7) 特技
8) 給与
9) 仕事場
10) 遠回り
11) 選択
12) 効率
13) 通行
14) 人柄

10. ＿＿＿から言葉を選び、必要なら正しい形に変えて書きましょう。

| 全力　履歴書　推薦　選択　特技　就職　人柄　遠回り |

1) 山本さんは、能力だけでなく（①　　　）もすばらしい学生です。何事にも（②　　　）で取り組み、友人からも信頼されています。
2) 大学院に入る前に一度企業に（①　　　）したことは、（②　　　）のようだったが、貴重な経験になった。結果的には正しい（③　　　）だったと思う。
3) 私には（①　　　）に書けるような（②　　　）が何もない。

| 優先する　収める　運営する　比較する　構える |

4) 料理が出てくると、食べる前にまずカメラに（　　　）たくなる。
5) 安全よりも効率を（　　　）た結果が、今回の事故だ。
6) イーさんは、日本と韓国における就職活動を（　　　）て、レポートにまとめた。
7) 写真を上手に撮るには、カメラの（　　　）方が大切だそうだ。

11. ＿＿＿から正しい言葉を選んで書きましょう。

| そうかといって　それも　ほんとを言えば　そのうち |

　高校生の頃、学校の近くに小さなコンビニがあり、一人でよく行っていた。飲み物や食べ物など、ちょっとした買い物をするのだが、（　①　）、目的は別にあった。その店の若い店員に会いたかったのだ。特別ハンサムなわけではないが、清潔な感じのする男性だった。レジでその店員に対応してもらうたび、胸がドキドキして、何か一言、二言でも話ができればと思った。（　②　）、高校生の私には話をするきっかけなど思いつくはずもなく、何もできないままだった。（　③　）私は卒業し、その店に行くことも、店員に会うこともなくなってしまった。あの人は今どうしているだろうか。今では懐かしい思い出である。

9.
1) ＿＿＿
2) ＿＿＿
3) ＿＿＿
4) ＿＿＿
5) ＿＿＿
6) ＿＿＿
7) ＿＿＿
8) ＿＿＿
9) ＿＿＿
10) ＿＿＿り
11) ＿＿＿
12) ＿＿＿
13) ＿＿＿
14) ＿＿＿

10.
1) ①＿＿＿
　 ②＿＿＿
2) ①＿＿＿
　 ②＿＿＿
　 ③＿＿＿
3) ①＿＿＿
　 ②＿＿＿
4) ＿＿＿
5) ＿＿＿
6) ＿＿＿
7) ＿＿＿

11.
①＿＿＿
②＿＿＿
③＿＿＿

第22〜24課 復習

1. ＿＿＿に□から漢字を一つ選んで言葉を作り、（　）に読み方も書きましょう。

率　物　状　証　品　料　書

例）授業＿料＿　（じゅぎょうりょう）
1）履歴＿＿　（　　　）　　4）農産＿＿　（　　　）
2）化粧＿＿　（　　　）　　5）依頼＿＿　（　　　）
3）出席＿＿　（　　　）　　6）運転免許＿＿　（　　　）

2. □から言葉を選び、必要なら正しい形に変えて書きましょう。

1）大人が子どもにまず教えなければならないことは、世の中の約束事や規則を（　　　）ということである。

持つ　保つ　守る　作る

2）ビジネスを始めるのは難しくないが、それで利益を（　　　）のは難しいことだ。

上げる　作る　持つ　積む

3）将来、どんな仕事に（　　　）たいと思っていますか。

座る　止まる　就く　止める

4）3時間以上話し合ったが、結局、結論は（　　　）なかった。

できる　来る　現れる　出る

3. □から言葉を選び、必要なら正しい形に変えて書きましょう。

抱く　任せる　甘やかす　起こす　残す　流れる

1）彼は亡くなった父親が（　　　）財産をすべてボランティア団体に寄付した。
2）新入社員は、期待と不安を（　　　）て入社式に集まって来た。
3）11月頃になると、町のあちこちでクリスマスの音楽が（　　　）ようになる。
4）子どもをかわいいと思うなら、（　　　）てはいけない。必要な時には厳しくしかることが、結局、子どものためになるのだ。
5）この店のオーナーは仕事を店長に（　　　）て、自分は毎日ボランティア活動ばかりしているそうだ。

左右する　専攻する　承知する　発達する　汚染する　消費する

6）娘は大学で経済学を（　　　）て、貿易会社に就職した。
7）日本人が1年間に（　　　）米は1人当たりどのぐらいでしょうか。
8）この川の水は（　　　）いるので、泳ぐことはできません。

1.

例）＿＿料＿＿
　　（じゅぎょうりょう）
1）＿＿＿＿＿
　　（　　　）
2）＿＿＿＿＿
　　（　　　）
3）＿＿＿＿＿
　　（　　　）
4）＿＿＿＿＿
　　（　　　）
5）＿＿＿＿＿
　　（　　　）
6）＿＿＿＿＿
　　（　　　）

2.
1）＿＿＿＿＿
2）＿＿＿＿＿
3）＿＿＿＿＿
4）＿＿＿＿＿

3.
1）＿＿＿＿＿
2）＿＿＿＿＿
3）＿＿＿＿＿
4）＿＿＿＿＿
5）＿＿＿＿＿
6）＿＿＿＿＿
7）＿＿＿＿＿
8）＿＿＿＿＿

9) どんな職業に就くかが、その人の人生を（　　　　）ことが多い。
10) ご連絡、ありがとうございます。会議の時間と場所、（　　　　）ました。どうぞよろしくお願いいたします。

　　| 幼い　確実　深刻　明らか　不自由　積極的 |

11) 誰でも料理はできたほうがいいと思います。人に作ってもらわないと食べられないなんて（　　　　）ですから。
12) 「急がば回れ」というのは、急いでいるときほど（　　　　）方法を取ったほうがいいという意味だ。
13) A案とB案では、A案のほうが（　　　　）優れていると思う。
14) 渡辺君、最近ゼミで（　　　　）発言するようになったね。
15) （　　　　）頃に身につけた知識は、いつまでも忘れないものだ。

　　| 手段　意義　たより　機嫌　もと　実績 |

16) 医薬品の開発に（　　　　）のある会社に就職したいと思っている。
17) ケータイは非常時の連絡の（　　　　）として改めて見直されている。
18) 日本の中学や高校では部活動が盛んだが、どんな（　　　　）があるのだろうか。
19) 最近父はなんとなく（　　　　）が悪い。仕事が大変なのだろうか。
20) 音楽をききながら自転車に乗ってはいけません。事故の（　　　　）です。

　　| カギ　レベル　ストレス　ジャンル　ディスカッション |

21) 勉強の（　　　　）がたまったときは、思い切って遊ぶのがいいと思います。
22) 最近、70代になっても生活の（　　　　）を維持するために働き続ける人が増えている。
23) どんな（　　　　）のテレビ番組をよく見ますか。
24) よい論文を書くための（　　　　）は、よい研究テーマを見つけることだ。

4. ▢から正しい言葉を選んで書きましょう。

　　| はたして　せめて　まもなく　例えば　まさに |

　最近「ぶつからない車」というものができた。何かにぶつかりそうになると自動的に止まる機能がついている車だ。それだけではない。運転手が何もしなくてもよい「完全自動運転車」も（　①　）実現されるという。高齢化が進む日本では、今後、需要が伸びると言われている。（　②　）夢の車である。しかし、「完全自動運転車」が完成したとして、（　③　）それは本当に安全なのだろうか。（　④　）、もし事故が起きたら、それは誰の責任になるのだろう。商品化までに考えるべき問題がいろいろありそうである。

総復習

1. ☐から漢字を一つ選んで言葉を作りましょう。

| 書 | 無 | 化 | 的 | 未 | 上 | 不 | 口 |

例）報告☐・教科☐（　）

1）☐婚・☐払い・☐経験・☐成年（　）

2）無料☐・少子☐・高齢☐（　）

3）☐審に・☐満・☐明・☐足（　）

4）一方☐・客観☐・経済☐・衝撃☐（　）

5）☐旬・☐昇・☐半身・☐場（　）

6）☐視・☐用・☐気力・☐断（　）

2. ☐にかたかなを一字ずつ入れてカタカナ語を作りましょう。

例）寝る前に｜カ☐☐｜が高い物を食べると太りますよ。

1）介護（かいご）のボランティアで老人の生活を｜サ☐☐｜している。

2）失礼な応対をした店員に｜ク☐☐｜が来た。

3）電気など｜エ☐☐☐｜の使用を減らすようにしている。

4）彼は時間に｜ル☐☐｜なので、遅れて来るかもしれません。

5）誰（だれ）も欲しがらないような｜マ☐☐｜な柄（がら）の服を買ってしまった。

6）オリンピックを開催（かいさい）してもらうために自分の町を｜ア☐☐｜します。

7）会社の経営のために社員をやめさせることを｜リ☐☐｜と言う。

3. ☐から言葉を一つ選んで書きましょう。

| 合う　上げる　出す　込む　下げる　合わせる |

例）学校の本を貸し☐・怖くて震え☐（　　　）

1）話をでっち☐・仕事を途中で切り☐・作品を3日で仕☐
（　　　）

1.
例）　書
1）_____
2）_____
3）_____
4）_____
5）_____
6）_____

2.
例）カロリー
1）サ_____
2）ク_____
3）エ_____
4）ル_____
5）マ_____
6）ア_____
7）リ_____

3.
例）　出す
1）_____

57

2）さまざまな要因が絡み□・親しく付き□・お金を出し□
（　　）

3）気持ちが落ち□・銀行でお金を振り□・車が突っ□
（　　）

　　　切り　　取り　　引き

4）途中で□返す・気を□締める・息を□取る
・伝統を□継ぐ（　　）

5）夢中で□組む・おもしろい話題を□上げる・活力を□戻す
（　　）

4．（　　）の中の正しい言葉を選びましょう。
例）ごみを（減る　㊀減らす）ために、袋を持って買い物に行くことにしている。
1）メンバーが（揃った　揃えた）から、忘年会を始めよう。
2）彼は「すし」を世界中に（広まった　広めた）。
3）新聞を毎日読んでいたら、読む力が自然に身に（ついて　つけて）きた。
4）部長はみんなの考えを（まとまった　まとめた）。

5．□から言葉を選び、必要なら正しい形に変えて書きましょう。
　　　込める　魅せられる　あきらめる　占める　照らす　義務づける
1）その国の基準に（　　　）て食品が安全かどうかチェックしてください。
2）幸せになってほしいという意味を（　　　）て娘に「幸子」と名前をつけた。
3）車に乗るときはシートベルトを締めることが（　　　）れている。
4）車で通勤している社員は全社員の80％以上を（　　　）ている。
5）台風で飛行機が飛ばないので、旅行は（　　　）ざるを得ない。
　　　実施する　移動する　導入する　設置する　応対する　回避する
6）この図書館はインターネットで本が予約できる制度を（　　　）した。
7）お客様にはいつも丁寧に（　　　）なければならない。
8）新入社員が入ってきたら1か月間の研修を（　　　）ことになっている。
9）この建物は階段が多いので、エレベーターを（　　　）てほしい。
10）部長は自分の責任を（　　　）発言をした。
　　　面倒くさい　明らか　安易　おだやか　苦い　逆さま
11）今日は海が（　　　）から、安心して泳げる。

2）＿＿＿＿＿＿＿＿
3）＿＿＿＿＿＿＿＿
4）＿＿＿＿＿＿＿＿
5）＿＿＿＿＿＿＿＿

4．
例）　減らす
1）＿＿＿＿＿＿＿＿
2）＿＿＿＿＿＿＿＿
3）＿＿＿＿＿＿＿＿
4）＿＿＿＿＿＿＿＿

5．
1）＿＿＿＿＿＿＿＿
2）＿＿＿＿＿＿＿＿
3）＿＿＿＿＿＿＿＿
4）＿＿＿＿＿＿＿＿
5）＿＿＿＿＿＿＿＿
6）＿＿＿＿＿＿＿＿
7）＿＿＿＿＿＿＿＿
8）＿＿＿＿＿＿＿＿
9）＿＿＿＿＿＿＿＿
10）＿＿＿＿＿＿＿＿
11）＿＿＿＿＿＿＿＿

12) ケータイやパソコンで手軽にメールができるようになった現在、「手紙を書くなんて（　　　）」と言う人が増えている。
13) 事故の原因はまだ（　　　）なっていない。
14) 私のほうがお世話になったのに、彼にお礼を言われるなんて、（　　　）だ。
15) 受験に失敗したのは（　　　）経験だったが、そのおかげで成長できた。

　　　立場　　気配　　ねらい　　伝統　　主義　　出会い

16) 彼は野菜しか食べない（　　　）、つまりベジタリアンだ。
17) 山本先生との（　　　）がなければ、私は教師になっていなかっただろう。
18) 彼は社長という（　　　）上、リストラを決断せざるを得ないこともある。
19) 祭りや行事など、地域の（　　　）を守ることは大切なことだ。
20) 玄関に人が来たような（　　　）があって見に行ったら、誰もいなかった。

6. ＿＿＿と反対の意味の言葉を書きましょう。

例）この木に実るみかんはおいしい。⇔（　　　）
1) 彼はビジネスについては素人だ。⇔（　　　）
2) 自分自身の長所をあげるのは難しい。⇔（　　　）
3) 私は、彼女は凡人だと思う。⇔（　　　）
4) このサイトへの会員登録は無料です。⇔（　　　）

7. （　　）に［　　］から言葉を選び、必要なら正しい形に変えて書きましょう。

　　　目　　口　　腕　　実

1) 合格おめでとう。1年間の努力が（　　　）を結んだね。
2) 妹はピアノの（　　　）を磨くために、フランスに留学している。
3) 大家さんは（　　　）は悪いけど、実は、いい人なんですよ。

　　　きく　　立つ　　入れる　　止める

4) オリンピックのチケットを手に（　　　）のって、難しいんでしょうね。
5) 一人暮らしなので、休日など一日中、誰とも口を（　　　）ないことがある。
6) 妻とはお互い、腹が（　　　）ても、我慢しないで言いたいことを言うことにしている。

8. ☐から正しい言葉を選んで書きましょう。

しっかり　ぴったり　わいわい　パッと　そうっと　たっぷり

1）あの新入社員、新しい仕事を任されてから急に（　　　）してきたね。
2）友達と（　　　）おしゃべりしながらお昼を食べるのが毎日の楽しみだ。
3）やっと眠った赤ちゃんを起こさないように（　　　）ベッドに寝かせた。
4）合格の知らせを伝えた瞬間(しゅんかん)、母の顔が（　　　）明るくなった。
5）スパゲティをおいしく作るには、お湯を（　　　）使うのがポイントだ。

9. ☐から正しい言葉を選んで書きましょう。

まさか　とりあえず　こうして
そもそも　たとえ　なんとなく

　隣(となり)の町に大型スーパーができた。たくさん買えば安くなるというシステムで人気らしいが、遠くて車でしか行けないので、まだ行ったことがなかった。しかし、昨日は（　①　）外に出たい気分だったので行ってみた。大きなカートいっぱいの買い物をして帰った。家の鍵(かぎ)を開けようとしたところ、かばんがないことに気づいた。すぐに、スーパーのカートにかばんをかけていたことを思い出して、（　②　）スーパーに電話をかけた。かばんは届いていないとのことだった。「（　③　）財布(さいふ)を入れたかばんを、カートにひっかけていた私が悪いのだ」と思ってあきらめようとした時である。スーパーから電話があり、かばんが見つかったとのことだった。すぐにスーパーに行ってかばんを受け取って中を見た。（　④　）財布があるとは思わなかったが、あった。（　⑤　）私はかばんと財布を失わずにすんだ。財布の中のお金やクレジットカードも全部そのまま返ってきた。無事に戻ってきてホッとした。　※カート…cart

10. ☐から正しい言葉を選んで書きましょう。

さすがに　どうにか　せめて　しょっちゅう　よほど　危うく

　昨日、実家で一人暮らしをしている父が失敗をした。ガスレンジの火をつけっぱなしにして、（　①　）火事になるところだったそうだ。80歳の父はふだん気が若くて、50歳の私より（　②　）元気なのだが、今回の失敗で、（　③　）落ち込んでいる。私も父のことが心配だ。実家まで車で片道4時間もかかるので、（　④　）行くわけにもいかないが、（　⑤　）月に一度は父の顔を見に行こうと思っている。

8.
1)＿＿＿
2)＿＿＿
3)＿＿＿
4)＿＿＿
5)＿＿＿

9.
①＿＿＿
②＿＿＿
③＿＿＿
④＿＿＿
⑤＿＿＿

10.
①＿＿＿
②＿＿＿
③＿＿＿
④＿＿＿
⑤＿＿＿

新出語リスト

第13課

必ず覚える	☆☆☆
覚える	☆☆
覚えておくとよい	☆
わかればよい	

本冊の聴解問題で提出された新出語は ▇ (アミ) で示した。

読む・書く

大人	☆☆☆
頭［〜に付く］	☆☆☆
辞典	☆☆☆
うるさい（五月蠅い）	☆☆☆
随筆（ずいひつ）	☆☆
変化する	☆☆
勘違いする（かんちがいする）	☆☆
日常［的］	☆☆
入園料	☆☆
そのうち	☆☆
注目する	☆☆
語	☆☆
問い	☆☆
以後	☆☆
以降	☆☆
以来	☆☆
一体	☆☆
熟語（じゅくご）	☆☆
適度［な］	☆☆
いや	☆☆
いな	☆☆
適切［な］	☆☆
月日	☆☆
ただ	☆☆
浮かぶ	☆☆
来日する	☆☆
詰める	☆☆
街（まち）	☆☆
看板	☆☆
和英辞典	☆☆

苗字（みょうじ）	☆☆
あるいは	☆☆
なんとなく	☆☆
見慣れる	☆☆
範囲（はんい）	☆☆
広がる	☆☆
横断する	☆☆
思い込む	☆☆
観光	☆☆
国語辞典	☆☆
〜ごと［月〜］	☆☆
契約する（けいやくする）	☆☆
一瞬（いっしゅん）	☆☆
書き入れる	☆☆
かまわない	☆☆
流れ［文章の〜］	☆☆
株式会社（かぶしきがいしゃ）	☆
経過する	☆
心情	☆
社交	☆
雑談する	☆
思考する	☆
のみこむ	☆
試行錯誤（しこうさくご）	☆
要する	☆
出くわす	☆
ひょっとして	☆
どうやら	☆
市場［駐車場〜］	☆
独占する	☆
とりあえず	☆
定義する	☆

慣用	☆
たとえ	☆
読み違える	☆
書き留める	☆
小人（しょうにん）	
全文	
佃煮（つくだに）	
四字熟語（よじじゅくご）	
一進一退	
月極/月決め	
解読する（かいどくする）	
パーキング	
オーナー	
ムーン	
エンド	
ネーミング	
一部上場	
上場する（じょうじょうする）	
突っ走る（つっぱしる）	
在日（ざいにち）	
観光物産館	
忍ばせる（しのばせる）	
パッと	
日々（ひび）	
時雨（しぐれ）	
向日葵（ひまわり）	
頭に入れる	
目に入る	

話す・聞く

結構［〜多い］	☆☆☆

〜など	☆☆☆		**文法・練習**		信用する	☆☆	
ことわざ	☆☆		落ちる［売上げが〜］	☆☆☆	付き合う	☆☆	
話題	☆☆		関係［音楽〜］	☆☆☆	不〜［〜愉快］	☆☆	
戻す	☆☆		しぼる	☆☆	〜性［人間〜］	☆☆	
自分自身	☆☆		入社する	☆☆	目下（めした）	☆☆	
ホームパーティー	☆☆		我慢する（がまんする）	☆☆	外部	☆☆	
ぴったり	☆☆		我慢強い	☆☆	伝わる	☆☆	
関連する	☆☆		掃除機（そうじき）	☆☆	実行する	☆☆	
広げる［話を〜］	☆☆		ため息	☆☆	かかる［費用が〜］	☆☆	
逆さま［な］	☆☆		あふれる	☆☆	言い訳する（いいわけする）	☆	
知り合い	☆☆		たまる［ごみが〜］	☆☆	〜奴（やつ）［いい〜］	☆	
都（みやこ）	☆☆		受験生	☆☆	数え切れない	☆	
思い違い	☆		都心	☆☆	発言する	☆	
どうにか	☆		双子（ふたご）	☆☆	指摘する（してきする）	☆	
福	☆		世界的［な］	☆☆	傷つく	☆	
恥	☆		スター	☆☆	ふり	☆	
ベストセラー	☆		約〜	☆☆	〜心［親切〜］	☆	
共感する	☆		割	☆☆	なおさら	☆	
言い換える	☆		休暇（きゅうか）	☆☆	何気ない（なにげない）	☆	
住み慣れる	☆		いとこ	☆☆	受け止める	☆	
取り違える	☆		売上げ	☆☆	反応する（はんのうする）	☆	
お好み焼き	☆		食品	☆☆	手土産（てみやげ）		
わいわい	☆		あきる	☆☆	シミュレーション		
直訳する（ちょくやくする）	☆		同士［いとこ〜］	☆	クレーム		
災い（わざわい）	☆		ルーズ［な］	☆	高みの見物		
遠ざける	☆		工学部	☆	気が置けない		
門（かど）			シーズン		あったま、きちゃったな。		
辛党（からとう）			入り直す		気にかける		
甘党（あまとう）			ポテトチップス		気を使う		
一時（いっとき）			インスタント食品		目にする		
コンパ			インスタント		案ずるより産むがやすし		
木登り			口に出す				
情けは人のためならず					# 第14課		
知ったかぶり			**問題**		**読む・書く**		
石の上にも三年							
住めば都			大家（おおや）	☆☆	毎回	☆☆☆	
猿（さる）も木から落ちる							

番組	☆☆☆	夢中	☆☆	ノウハウ	
マンガ家	☆☆☆	別冊	☆☆	亜流（ありゅう）	
〜さ［おもしろ〜］	☆☆☆	激しい（はげしい）	☆☆	トップブランド	
解説文	☆☆	〜程度	☆☆	〜ごとく	
解説する	☆☆	取り上げる	☆☆	〜のみ	
物事	☆☆	状況	☆☆		
謎（なぞ）	☆☆	具体例	☆☆	**話す・聞く**	
旅	☆☆	促す（うながす）	☆		
感想	☆☆	経る	☆	昔話	☆☆☆
シリーズ	☆☆	原作	☆	打つ［あいづちを〜］	☆☆☆
〜代［1960年〜］	☆☆	主人公	☆	彼ら	☆☆☆
〜際	☆☆	次週	☆	通う［血が〜］	☆☆☆
年月（ねんげつ）	☆☆	手法	☆	鉄道	☆☆
存在する	☆☆	蓄積する	☆	触れる［手に〜］	☆☆
無視する（むしする）	☆☆	大げさ［な］		一言（ひとこと）	☆☆
語る	☆☆	テレビアニメ		ショップ	☆☆
作品	☆☆	受ける［アニメが〜］		列車	☆☆
支える	☆☆	美女		宇宙船	☆☆
厚さ	☆☆	ストーリーテリング		機械化	☆☆
発売する	☆☆	アニメーション		〜化	☆☆
種類	☆☆	放映する		取り残す	☆☆
〜部［数千万〜］	☆☆	編成する		差別する	☆☆
プロ	☆☆	穴埋め（あなうめ）		出遭う/出会う（であう）	☆☆
巨大	☆☆	層		食堂車	☆☆
競争原理	☆☆	週刊誌		血	☆☆
原理	☆☆	月刊誌		身	☆☆
水準	☆☆	〜誌		ガラス球	☆☆
保証する	☆☆	単行本（たんこうぼん）		球（たま）	☆☆
過剰［な］（かじょうな）	☆☆	新作		散る	☆☆
秒	☆☆	ヒット作品		閉じ込める	☆☆
動作（どうさ）	☆☆	ヒットする		知恵	☆☆
光景	☆☆	エンターテイメント		出しあう	☆☆
描く（えがく）	☆☆	生み出す		〜後［何日〜］	☆☆
直前	☆☆	ピッチャー		あらすじ	☆☆
起こる	☆☆	シーン		場面	☆☆
期待する	☆☆	満つ		映像	☆
作り上げる	☆☆	テクニック		神秘的［な］（しんぴてきな）	☆

はまる［アニメに〜］ ☆	重要［な］ ☆☆	発行する
犠牲（ぎせい） ☆	両方 ☆☆	早起き
襲う（おそう） ☆	立場 ☆☆	部署
投げ出す［身を〜］ ☆	建設する ☆☆	ヨガ
粉々（こなごな） ☆	議論する ☆☆	ジャズダンス
鉱山（こうざん） ☆	被害 ☆☆	スポーツジム
兵士 ☆	関係者 ☆☆	ＮＧＯ
枠組み（わくぐみ） ☆	得［な］ ☆☆	グローバル［な］
話し手	宣伝する ☆☆	夏日（なつび）
あいづち	郵送する ☆☆	インストールする
銀河（ぎんが）	夕刊 ☆☆	野球大会
永遠（えいえん）	自然エネルギー ☆☆	負けるが勝ち
ストーリー	地域社会 ☆☆	早起きは三文（さんもん）の得
結末	分析する ☆☆	
コーヒーショップ	活動する ☆☆	**問題**
宇宙列車	改善する ☆☆	女優 ☆☆
生身（なまみ）	対策	演劇 ☆☆
狩猟（しゅりょう）	〜余り［260年〜］ ☆☆	〜部（演劇〜） ☆☆
遺言（ゆいごん）	回復する ☆☆	成長する ☆☆
土星（どせい）	住民	役 ☆☆
幻覚（げんかく）	生産 ☆☆	非常ベル ☆☆
美形（びけい）	悔しい（くやしい） ☆☆	実は ☆☆
ジャングル	後ろ姿 ☆☆	活気 ☆☆
	欠かす ☆	風景 ☆☆
文法・練習	おふくろ ☆	生き生きする ☆☆
まずい ☆☆☆	マッサージ ☆	通り過ぎる ☆☆
揺れる（ゆれる） ☆☆☆	ボランティア活動	温泉旅館 ☆☆
外出する ☆☆	ＰＣ	旅館 ☆☆
使用する ☆☆	チェックインする	実写する
出身者 ☆☆	ちまき	カップラーメン
砂漠（さばく） ☆☆	かしわもち	オリジナリティー
交換する ☆☆	受賞者	キャラクター
冷める ☆☆	パンダ	
溶ける ☆☆	ギョーザ	
睡眠（すいみん） ☆☆	外食する（がいしょくする）	
ただの ☆☆	ちらし寿司（ちらしずし）	
	ダイレクトメール	

第15課

読む・書く

説明文	☆☆
落ちる［能率が〜］	☆☆
上がる［脈拍が〜］	☆☆
謙遜する（けんそんする）	☆☆
そこで	☆☆
行列	☆☆
動き回る	☆☆
行き来する	☆☆
担ぐ	☆☆
割合	☆☆
構成する	☆☆
新た［な］	☆☆
組織する	☆☆
集団	☆☆
経つ（たつ）［時間が〜］	☆☆
さすがに	☆☆
能率	☆☆
登場する	☆☆
ご存じ	☆☆
スタートする	☆☆
チーム	☆☆
法則	☆☆
当たる［法則が〜］	☆☆
偉大［なる〜］	☆☆
徐々に	☆☆
理想的［な］	☆☆
現象	☆☆
参考資料	☆☆
一見（いっけん）	☆
比率	☆
分担する	☆
人材	☆
脇役（わきやく）	☆
脚本（きゃくほん）	☆
右に出る	
切り上げる	
脈拍（みゃくはく）	
スタープレイヤー	
からむ	
横目	
特命	
プロジェクト	
プレイヤー	
アドレナリン	
疲弊する（ひへいする）	

話す・聞く

腕［太鼓の〜］	☆☆☆
踊り	☆☆☆
示す［興味を〜］	☆☆
優れる	☆☆
太鼓（たいこ）	☆☆
絨毯（じゅうたん）	☆☆
出張所	☆☆
所長	☆☆
社名	☆☆
名（な）	☆☆
モダン［な］	☆☆
何しろ	
知識	☆☆
あげる［成果を〜］	☆☆
実（み）	☆☆
結ぶ［実を〜］	☆☆
磨く（みがく）［腕を〜］	☆☆
得意［な］	☆☆
リズム	☆☆
〜感［リズム〜］	☆☆
メンバー	☆☆
才能	☆☆
実行委員	☆☆
後輩（こうはい）	☆☆
地元	☆
取引先	☆
織物	☆
市場開拓（しじょうかいたく）	☆
開拓する	☆
成果（せいか）	☆
甘える［お言葉に〜］	☆
好意	☆
進行する	☆
部下	☆
プライベート［な］	
営業マン	
〜好き［太鼓〜］	
ホームカミングデイ	
老舗（しにせ）	
きっての	
魅する（みする）	
顔負け	
リーダー	
ブレイクダンス	
シェフ	
代々（だいだい）	

文法・練習

出る［選挙に〜］	☆☆☆
家族関係	☆☆☆
電球	☆☆
寿命（じゅみょう）	☆☆
用いる	☆☆
お嬢さん（おじょうさん）	☆☆
環境問題	☆☆
経営する	☆☆
すべて	☆☆
各国	☆☆

地球温暖化	☆☆	
温暖化	☆☆	
論文	☆☆	
題名	☆☆	
選挙する	☆☆	
混乱する	☆☆	
調整する	☆☆	
当番	☆☆	
交代する	☆☆	
楽器	☆☆	
一家［音楽〜］	☆☆	
秘密（ひみつ）	☆☆	
器用［な］	☆☆	
かく［汗を〜］	☆☆	
注文する	☆☆	
信頼する	☆☆	
中年	☆☆	
展開する	☆☆	
思い浮かべる	☆	
提供する	☆	
ＬＥＤ電球		
帰国生徒		
国民栄誉賞（こくみんえいよしょう）		
走り回る		
転職する		
ベジタリアン		
ピアニスト		
マナー		
栄誉（えいよ）		

問題

社会科学	☆☆☆
こうして	☆☆
しみじみ	☆☆
つながり［人と人との〜］	☆☆

共に	☆☆
利益	☆☆
用語	☆☆
分野	☆☆
込める［意味を〜］	☆☆
乗り越える	☆☆
怠け者（なまけもの）	☆☆
まじめ［な］	☆☆
移動する	☆☆
エネルギー	☆☆
ちょうど	☆☆
賢い	☆☆
でかい	☆
緊急（きんきゅう）	☆
ぶら下がる	☆
あっという間（あっというま）	
支社	
金儲け（かねもうけ）	
耳にする	
分かち合う	
共生する	
ヤドカリ	
イソギンチャク	
ナマケモノ	

第16課

読む・書く

苦い［〜体験］	☆☆☆
個人情報	☆☆
新聞記事	☆☆
社会面	☆☆
事実［〜関係］	☆☆
不幸［な］	☆☆
幸い	☆☆
慰める（なぐさめる）	☆☆

カード［会員〜］	☆☆
通信する	☆☆
販売する	☆☆
可能性	☆☆
氏名（しめい）	☆☆
職業	☆☆
生年月日	☆☆
項目（こうもく）	☆☆
上旬（じょうじゅん）	☆☆
請求する（せいきゅうする）	☆☆
同様［な］	☆☆
寄せる	☆☆
既に（すでに）	☆☆
応じる	☆☆
支払い	☆☆
情報管理	☆☆
管理する	☆☆
事態（じたい）	☆☆
引き出す	☆☆
〜面［システム〜］	☆☆
進める［調査を〜］	☆☆
求める	☆☆
被害者	☆☆
有料［〜サイト］	☆☆
受け取る	☆☆
請求金額	☆☆
指定する	☆☆
だます	☆☆
懸命［な］（けんめいな）	☆☆
何者	☆☆
知人	☆☆
日付	☆☆
要素	☆☆
原稿（げんこう）	☆☆
見出し	☆☆
概要（がいよう）	☆
すばやい	☆

67

漏れる（もれる）	☆		つく［火が〜］	☆☆☆		くよくよする	
加入する	☆		まいる	☆☆☆		入力する	
実態（じったい）	☆		ひどい	☆☆☆		プリントアウトする	
預金［〜口座］	☆		ハンドル	☆☆		マット	
及ぶ（およぶ）	☆		ひっくり返る	☆☆		べとべと	
覚え［身に〜がない］	☆		飛び出す	☆☆			
請求書	☆		ひざ	☆☆		**文法・練習**	
〜件	☆		カバー	☆☆		左手	☆☆☆
コンピューターシステム	☆		離す（はなす）［目を〜］	☆☆		要求する	☆☆
システム	☆		バカ	☆☆		改める	☆☆
トラブル	☆		やり直し	☆☆		従う（したがう）	☆☆
内部	☆		油	☆☆		急激［な］（きゅうげきな）	☆☆
ないし	☆		ひっくり返す	☆☆		とどまる	
おわび	☆		見方	☆☆		活力	
早急［な］（さっきゅうな）	☆		骨折する			需要（じゅよう）	
不審［に］（ふしんに）	☆		後悔する（こうかいする）	☆		消費税	☆☆
タウンニュース	☆		落ち込む	☆		備える	☆☆
流出する			励ます（はげます）	☆		見直す	☆☆
未払い［金］（みはらいきん）			おごる	☆		時期	
〜づける［元気〜］			締切［日］（しめきりび）	☆		予測する	☆☆
同社			よそ見	☆		予算	☆☆
口座			誤る	☆		突然	☆☆
判明する			俺（おれ）	☆		訪問する	☆☆
遺憾（いかん）			頭［が］痛い			歓迎する（かんげいする）	☆☆
流失			うまくいく			〜戦	☆☆
書面			まいったなあ			出場する	☆☆
更新する（こうしんする）			人身事故			上達する	☆☆
講ずる			危うく			当然	☆☆
サイト			滑らす			気配（けはい）	☆☆
振り込む（ふりこむ）			捻挫する（ねんざする）			長期	☆☆
犯行（はんこう）			転倒する			追う	☆☆
			言い表す			呼びかける	☆☆
話す・聞く			切り損ねる			立ち上げる	☆☆
切る［ハンドルを〜］	☆☆☆		左折する			高速道路	☆☆
右手	☆☆☆		スリップする			無料化	☆☆
起こす［事故を〜］	☆☆☆		ライト			〜権	☆☆
			はねる［人を〜］				

身分	☆☆
提出する	☆☆
電気料金	☆☆
～料金	☆☆
思わず	☆☆
燃え移る	☆☆
必死［に］	☆☆
ひっぱり上げる	☆☆
無事	☆☆
たった	☆☆
占い	☆☆
開発する	☆
新人	☆
挑戦する（ちょうせんする）	☆
避難する（ひなんする）	☆
決勝戦	☆
引き下げる	☆
身分証明書	☆
証明書	☆
問い合わせる	☆
引き上げる	☆
高齢化	
少子化	
ATM	
少子高齢化	
業界	
カリキュラム	
年末	
高齢	
住人	
オリンピック	
出場権	
手にする	
不要［な］	
ネット	
満席	
すとんと～	

きょとんと～	

問題

安定する	☆☆
まさか	☆☆
チャンス	☆☆
不正使用	☆☆
被害額	☆☆
額［被害～］	☆☆
金銭（きんせん）	☆☆
失う	☆☆
創作する	☆☆
強盗（ごうとう）	☆☆
帳［アドレス～］	☆☆
売買する	☆☆
捕まる	☆☆
気分転換（きぶんてんかん）	☆
当たり［一人～］	☆
不明［な］	☆
築く	☆
宛（あて）［友人～］	☆
契約社員（けいやくしゃいん)	
リストラする	
ウェブサイト	
在住する	
フリーメール	
送信する	
出国する	
大量	

第17課

読む・書く

お兄ちゃん	☆☆☆
スタイル	☆☆
本来	☆☆

補う	☆☆
呼び名	☆☆
ずれる	☆☆
別	☆☆
生じる	☆☆
長年	☆☆
体制	☆☆
抱える［問題を～］	☆☆
会計	☆☆
年度	☆☆
西洋	☆☆
ならう	☆☆
一定	☆☆
諸～［～外国］	☆☆
実施する（じっしする）	☆☆
ねらい	☆☆
当時	☆☆
支出する	☆☆
占める	☆☆
費［人件～］	☆☆
不足する	☆☆
役人	☆☆
翌年（よくねん）	☆☆
計～	☆☆
作成する	☆☆
報告する	☆☆
暦（こよみ）	☆
転じる	☆
名づける	☆
慣れ親しむ	☆
切り替える	☆
戸惑う（とまどう）	☆
導入する	☆
補充する（ほじゅうする)	☆
財政難	☆
財政	☆
難［財政～］	☆

新政権 ☆	お久しぶり ☆☆	好む ☆☆
政権 ☆	邪魔する（じゃまする） ☆☆	地方 ☆☆
翌日（よくじつ） ☆	お面 ☆☆	盛ん［な］ ☆☆
決断する ☆	まく［豆を～］ ☆☆	移す ☆☆
もくろむ ☆	四季 ☆☆	おぼれる ☆☆
呼称（こしょう）	抜く［人を～］ ☆☆	複数 ☆☆
太陽暦（たいようれき）	親子 ☆☆	足跡（あしあと） ☆☆
太陰暦（たいいんれき）	かける［声を～］ ☆☆	頂上
太陰太陽暦	母親 ☆☆	吹雪（ふぶき） ☆☆
まつわる	おかまい ☆	遭う（あう）［吹雪に～］ ☆☆
タコ	よっぽど/よほど ☆	引き返す ☆☆
八角形（はっかっけい）	展示品 ☆	納得する（なっとくする） ☆☆
不備	～連れ（～づれ） ☆	方針 ☆☆
改暦する（かいれきする）	歓談する（かんだんする）	ありがたい ☆☆
新暦（しんれき）	節分	稼ぐ（かせぐ）
旧暦（きゅうれき）	リビングルーム	あきれる ☆☆
睦月（むつき）	追い払う	素人（しろうと） ☆☆
如月（きさらぎ）	今どき	相当［な］ ☆☆
弥生（やよい）	ユース	基準 ☆☆
木の葉（このは）	水族館	照らす ☆☆
葉月（はづき）	リレー	応対する ☆☆
長月（ながつき）	ひな祭り	バイオリン ☆☆
立春（りっしゅん）	ひな人形	着替える ☆☆
初旬（しょじゅん）	身近（みぢか）	恋愛する ☆
人心（じんしん）	折々［四季～］（おりおり）	特産品 ☆
一新［する］（いっしんする）	おじさん	予想する ☆
閏年（うるうどし）	（子どもに向かっての）	はるかに ☆
唐突［な］（とうとつな）	おいで	新入生 ☆
真の	口に合う	新入社員 ☆
新制度	早いもんだよ。	都道府県
人件費		クッキー
回避する（かいひする）	**文法・練習**	玉ねぎ
		じゃがいも
話す・聞く	持つ［子どもを～］ ☆☆☆	コスト
	しっかり ☆☆☆	出口調査
行事 ☆☆	著者 ☆☆	生活習慣病
ご無沙汰する（ごぶさたする）☆☆	冒険（ぼうけん） ☆☆	イベント

独学する
学位
負けず嫌い(まけずぎらい)

問題

生まれる［鯉のぼりが～］	☆☆☆
王国	☆☆
学者	☆☆
観測する	☆☆
支配する	☆☆
特定する	☆☆
流れ［川の～］	☆☆
滝	☆☆
逆らう	☆☆
昇る［天に～］	☆☆
困難	☆☆
古代	☆
伝説	☆
光り輝く（ひかりかがやく）	☆
しゃくりあげる	
甘えん坊	
鉦（かね）	
ルーツ	
天文	
水星（すいせい）	
金星（きんせい）	
火星（かせい）	
木星（もくせい）	
割り振る	
並び順	
端午の節句（たんごのせっく）	
節句	
武者人形（むしゃにんぎょう）	
鯉のぼり（こいのぼり）	
鯉	
竜（りゅう）	

変身する
立ち向かう

第18課

読む・書く

山［本の～］	☆☆☆
幸運	☆☆
登場人物	☆☆
内［心の～］	☆☆
解釈する	☆☆
言い返す	☆☆
おそらく	☆☆
ぴかぴか［な］	☆☆
食塩	☆☆
修理屋	☆☆
鋭い	☆☆
見当	☆☆
つく［見当が～］	☆☆
ごく	☆☆
あたりまえ	☆☆
金属	☆☆
錆びる（さびる）	☆☆
要するに	☆☆
タイプ	☆☆
微妙［に］（びみょうに）	☆☆
持ち歩く	☆☆
短編小説	☆☆
意外［な］	☆☆
満足する	☆☆
異なる	☆☆
角度	☆☆
うらやましい	☆☆
じっと	☆☆
見つめる	☆☆
鉛筆削り（えんぴつけずり）	☆

しょうゆさし	☆
流し台	☆
排水パイプ（はいすいパイプ）	☆
排水	☆
錆びつく（さびつく）	☆
てっぺん	☆
刃（は）	☆
かみあわせる	☆
最新式	☆
超～［～短編小説］	☆
価値観	☆
行為	☆
シナリオ	☆
修復する	
手動式（しゅどうしき）	
削りかす（けずりかす）	
薄汚い（うすぎたない）	
新品（しんぴん）	
ざらに	
ちらちら	
マニアック［な］	
コレクター	
視線（しせん）	
走らせる［視線を～］	
雑然	
ちらばる	
シール	
手に入れる	
目をとめる	
知る由もない(よし)	
手にとる	
何ひとつない	

話す・聞く

とる［場所を～］	☆☆☆
いらいらする	☆☆

気に入る	☆☆
仲直りする	☆☆
不満	☆☆
皮肉	☆☆
ワイングラス	☆☆
捜し物	☆☆
欠ける［カップが〜］	☆☆
だって	☆☆
思い出	☆☆
栓（せん）	☆☆
抜く［栓を〜］	☆☆
平気［な］	☆☆
そんなに	☆☆
のぞく	☆☆
散らかす	☆☆
非難する	☆
しょっちゅう	☆
しまい込む	☆
新婚	☆
思い切る	☆
おまけに	☆
中断する	☆
そもそも	
シェアハウス	
乱雑［な］	
気がない	

文法・練習

監督（かんとく）	☆☆
跳ぶ（とぶ）	☆☆
花嫁（はなよめ）	☆☆
不平	☆☆
活躍する	☆☆
基礎（きそ）	☆☆
維持する（いじする）	☆☆
おしゃれ［な］	☆☆

コミュニケーション	☆☆
持ち主	☆
推測する（すいそくする）	☆
かなう	☆
ふさわしい	☆
置く［本屋に〜］	
きく［口を〜］	

問題

ずっと（ずうっと）	☆☆☆
出し忘れる	☆☆
素直［な］	☆☆
癖（くせ）	☆☆
いわば	
ものすごい	☆☆
試す	☆☆
超える	☆☆
味方	
咳払い（せきばらい）	
昨夜	
口癖（くちぐせ）	
習得する	

第19課

読む・書く

入る［生命が〜］	☆☆☆
評価する	☆☆
的確［な］	☆☆
自慢話（じまんばなし）	☆☆
まとまる	☆☆
集まり	☆☆
効果	☆☆
箇所（かしょ）	☆☆
先頭	
第〜［〜一］	☆☆

普及する（ふきゅうする）	☆☆
努める	☆☆
製作する	☆☆
競技する	☆☆
さて	☆☆
たんに	☆☆
削る（けずる）	☆☆
欠ける	☆☆
単純［な］	☆☆
活用する	☆☆
節約する	☆☆
前〜［〜年度］	☆☆
分解する	☆☆
再利用する	☆☆
車輪	
用紙	☆☆
巻く	☆☆
芯（しん）	☆☆
ゴム	
かける［ヤスリを〜］	☆☆
部品	☆☆
生命	
おだやか［な］	☆☆
組む［チームを〜］	☆☆
精神的［な］	☆☆
例外	☆☆
把握する（はあくする）	☆
取り組む	☆
やりとげる	☆
介護する（かいごする）	☆
結びつく	☆
課題	☆
達成する	☆
向上する	☆
創造する	☆
独創［力］	☆
養う	☆

達成感	☆	〜祭	☆☆	ありきたり［の］	
経費	☆	伝統	☆☆	ストッパー	
仕上げる	☆	誇り（ほこり）	☆☆	万年〜	
ふるまい	☆	舞台	☆☆	補欠	
チームワーク	☆	舞台装置	☆☆	下積み	
登校する	☆	装置	☆☆	サークル	
拒否する（きょひする）	☆	覚悟する（かくごする）	☆☆	小噺（こばなし）	
標語	☆	時計回り	☆☆	引き継ぐ（ひきつぐ）	
広まる［世界中に〜］	☆	タイヤ	☆☆	引き締める（ひきしめる）	
ロボットコンテスト		筋肉（きんにく）	☆☆	引きこもり	
ものづくり		モーター	☆☆	コンパス	
人づくり		いわゆる	☆☆	手放す	
提言する		揃う（そろう）	☆☆	方向音痴（ほうこうおんち）	
即席（そくせき）		電卓（でんたく）	☆☆	ナビゲーター	
産業用ロボット		空想	☆☆	お人よし	
無人探査ロボット		防ぐ	☆☆	かゆい所に手が届く	
ペットロボット		自己紹介	☆		
介護ロボット		受け継ぐ（うけつぐ）	☆	**文法・練習**	
提唱する（ていしょうする）		衣装	☆	甘い［管理体制が〜］	☆☆☆
高専		華やか［な］（はなやかな）	☆	道［物理の〜］	☆☆☆
添付する（てんぷする）		生かす	☆	幼児	☆☆
廃品（はいひん）		レギュラー	☆	流行する	☆☆
廃材（はいざい）		喜劇	☆	おもに	☆☆
ガムテープ		ユニーク［な］	☆	反抗する（はんこうする）	☆☆
発泡ゴム（はっぽうゴム）		披露する（ひろうする）	☆	医療活動	☆☆
ヤスリ		こもる	☆	医療	☆☆
分身		警察官	☆	物理	☆☆
トーナメント		詐欺（さぎ）	☆	行儀作法（ぎょうぎさほう）	☆☆
下校する		入会する		行儀	☆☆
特効薬（とっこうやく）		新入部員		作法	☆☆
身につく		役立てる		和（わ）	☆☆
		ボール拾い		深まる［理解が〜］	☆☆
話す・聞く		準決勝		〜号［台風〜］	☆☆
役者	☆☆	アピールする		分布する	☆☆
部員	☆☆	入部する		通勤［ラッシュ］	☆☆
部活動	☆☆	ささやか［な］		梅雨（つゆ）	☆☆
		バトン			

評判	☆☆
国家試験	☆☆
常に	☆☆
使命［感］	☆
定年	☆
取り戻す	☆
上陸する	☆
見込み	☆
赤字	☆
難民キャンプ	
～ごと［中身～］	
受賞する	
セツブンソウ	
桜前線	
～前線［桜～］	
日本列島	
北上する	
見た目	
思い起こす	
ポピュラー［な］	
身につける	
気が合う	

問題

学期［新～］	☆☆
一体感	☆☆
油断する（ゆだんする）	☆☆
初回	☆☆
以前	☆☆
掃く（はく）	☆☆
清掃する（せいそうする）	☆☆
そうっと／そっと	☆☆
扱う	☆☆
未～［～経験］	☆☆
自信	☆☆
力［生きる～］	☆☆

敵	☆☆
状態	☆☆
走りこむ	☆☆
パス	☆☆
飼育する（しいくする）	☆
無用［な］	☆
得点	☆
興奮する（こうふんする）	☆
回収する	☆
個別	☆
手元	☆
体験する	☆
担任	
保護者会	
後ろ向き	
前向き	
チームメイト	
廃品回収（はいひんかいしゅう）	
電化する	
豆腐（とうふ）	
サポートする	
パスコース	
シュートする	

第20課

読む・書く

取る［相撲を～］	☆☆☆
吹く［尺八を～］	☆☆☆
出す［音を～］	☆☆☆
持つ［疑問を～］	☆☆☆
～人口［尺八～］	☆☆☆
宝	☆☆☆
理解する	☆☆
琴（こと）	☆☆

古典	☆☆
自ら	☆☆
～賞	☆☆
厄介［な］（やっかいな）	☆☆
重視する（じゅうしする）	☆☆
疑問	☆☆
徹底的［な］（てっていてきな）	☆☆
急速［な］	☆☆
増加する	☆☆
接する	☆☆
主張する	☆☆
財産	
国籍（こくせき）	☆☆
含める	
伝統文化	☆☆
工夫する	☆☆
文化面［新聞の～］	☆☆
手順	☆
三味線（しゃみせん）	☆
民族［音楽］	☆
修業する	☆
著書	☆
音色（ねいろ）	☆
あっさり	☆
すんなり	☆
尺八（しゃくはち）	
プロフィール	
管楽器	
邦楽（ほうがく）	
笙（しょう）	
小鼓（こつづみ）	
奏者（そうしゃ）	
授かる	
内外［国の～］	
半生（はんせい）	
ノンフィクション	

アフロヘアー		
もと［宗家の〜］		
初心者		
トロンボーン		
フルート		
〜そのもの		
在り方（ありかた）		
進級する		
愛好者		
初演する		
先入観		
いやし		
古臭い（ふるくさい）		
斬新［な］（ざんしんな）		
目の色		
イラスト		
レイアウト		

話す・聞く

上がる［十両に〜］	☆☆☆
まとめる［内容を〜］	☆☆☆
最〜［〜優秀賞］	☆☆
初対面	☆☆
終える	☆☆
わずか［な］	☆☆
知らせ	☆☆
離れる（はなれる） ［故郷を〜］	☆☆
特殊［な］（とくしゅな）	☆☆
わがまま［な］	☆☆
力強い	☆☆
響き（ひびき）	☆☆
生まれ変わる	☆☆
応援する（おうえんする）	☆☆
貴重［な］	☆☆
経営者	☆☆

医師	☆☆
姿	☆☆
頼る	☆☆
主催する	☆
部門	☆
掲載する（けいさいする）	☆
実家	☆
昇進する	☆
さぞ	☆
慣習	☆
余暇（よか）	☆
相撲部屋（すもうべや）	
機関誌（きかんし）	
広報［〜誌］	
十両（じゅうりょう）	
抱負（ほうふ）	
光栄	
ジュニア	
世界選手権大会	
入門する	
初土俵（はつどひょう）	
関取	
順風満帆 　（じゅんぷうまんぱん）	
命日（めいにち）	
ちゃんこ鍋（ちゃんこなべ）	
納豆（なっとう）	
いける	
四股名（しこな）	
ニックネーム	
師匠（ししょう）	
力士	
報いる	
さらなる	
手作り	
ドキュメンタリー	
寄り添う（よりそう）	

文法・練習

重い［病気が〜］	☆☆☆
経済的［な］	☆☆☆
とうとう	☆☆☆
柔らかい［頭が〜］	☆☆☆
毒	☆☆
共同	☆☆
田植え	☆☆
演奏家（えんそうか）	☆☆
国立大学	☆☆
私立大学	☆☆
進学する	☆☆
失業する	☆☆
悩む	☆☆
引退する	☆☆
ようやく	☆☆
長時間	☆☆
一致する（いっちする）	☆☆
延長戦	☆☆
延長する	☆☆
子猫（こねこ）	☆☆
拍手する（はくしゅする）	☆☆
一流	☆☆
渡り歩く	☆☆
持ち出す	☆☆
民主主義	☆☆
運動神経	☆☆
ホッとする	☆
交渉する（こうしょうする）	☆
アップする	☆
母校（ぼこう）	☆
偽物（にせもの）	☆
愛犬	☆
湧き起こる（わきおこる）	☆
毒ヘビ	
学費	

腹が立つ

問題

失敗作	☆☆☆
番組制作	☆☆☆
渡る [現地に〜]	☆☆☆
商品開発	☆☆
企業秘密	☆☆
背丈（せたけ）	☆☆
張る [弦を〜]	☆☆
親指	☆☆
痛む	☆☆
雰囲気（ふんいき）	☆☆
ふと	☆☆
格好良い	☆☆
同時進行する	☆☆
同時	☆☆
夜明け	☆☆
加わる	☆☆
各地	☆☆
刻む	☆☆
独立する	☆☆
交じる	☆☆
感激する	☆☆
バネ	☆☆
ヒント	☆
待ち遠しい	☆
枠（わく）	☆
はじく	☆
本場	☆
説得する	☆
素材	☆
アイス	
原材料	
試作品	
ハープ	

優雅 [な]（ゆうがな）	
奏でる（かなでる）	
上半身	
揺らす（ゆらす）	
掛け合い（かけあい）	
リードする	
現地	
付け根	
ほれ込む	
拍子（ひょうし）	
即興演奏（そっきょうえんそう）	
即興	
バンド	
持ち味	
武者修行（むしゃしゅぎょう）	
自作	
がらくた	
大型	
空き缶（あきかん）	
弦楽器（げんがっき）	
エコー	
自腹を切る（じばら）	

第21課

読む・書く

切る [縁を〜]	☆☆☆
飲み水	☆☆☆
落とす [質を〜]	☆☆☆
基づく	☆☆
基に	☆☆
図表	☆☆
深さ [関わりの〜]	☆☆
飯	☆☆
代金	☆☆

くむ [水を〜]	☆☆
目立つ	☆☆
一方的 [な]	☆☆
確実 [な]	☆☆
質	☆☆
炊く（たく）	☆☆
たっぷり	☆☆
大半	☆☆
地下水	☆☆
豊富 [な]	☆☆
雨水（あまみず）	☆☆
湧く（わく）	☆☆
入り込む	☆☆
汚れる [地下水が〜]	☆☆
訳す	☆☆
周辺	☆☆
崩れる（くずれる）	☆☆
共通する	☆☆
単語	☆☆
根拠（こんきょ）	☆
危機感	☆
吟味する（ぎんみする）	☆
仕立てる	☆
故（ゆえ）	☆
運賃	☆
主食	☆
良質	☆
しみ込む	☆
岩石	☆
破壊する（はかいする）	☆
独自 [な]	☆
築きあげる	☆
表明する	
こだわり	
あこがれる	
リゾート開発	
ゴルフ場	

通人（つうじん）
茶漬け（ちゃづけ）
漬物（つけもの）
煎茶（せんちゃ）
両（りょう）
分（ぶ）
見当たる
上流
早飛脚（はやびきゃく）
上水（じょうすい）
主流
清冽（せいれつ）
うたう
名水
産湯（うぶゆ）
末期（まつご）
決めつける
あおりたてる
有数
自体
副食
ミソ汁
銘柄米（めいがらまい）
とびきり
玉露（ぎょくろ）
極上の（ごくじょうの）
雪どけ水
杉
松
クヌギ
常時
伐採する（ばっさいする）
英訳する
堪能［な］（たんのうな）
密着する
ファッション
糸目をつけない［金に〜］

二の句もつげない
水を差す
水を向ける
水かけ論
水入らず
誘い水（さそいみず）

話す・聞く

進む ☆☆☆
とる［食事を〜］ ☆☆
図 ☆☆
興味深い ☆☆
ご覧ください ☆☆
〜済み［調理〜］ ☆☆
再び ☆☆
囲む［食卓を〜］ ☆☆
回答する ☆☆
新型 ☆☆
増減する ☆☆
外的［な］ ☆☆
信頼性 ☆☆
進学率 ☆☆
減少する ☆
著しい ☆
調理する ☆
聞きなれる ☆
手軽［な］ ☆
依然 ☆
形態（けいたい） ☆
様変わり（さまがわり） ☆
上昇する ☆
要因 ☆
入手する ☆
世帯（せたい） ☆
横ばい
個食

食育
白書
食材
惣菜（そうざい）
外部化
近年
受講する
就労する（しゅうろうする）
訪日する
推移する（すいいする）
キャンペーン
円安
最多
保有台数
気になる
〜人中〜人

文法・練習

安全基準 ☆☆☆
得る ☆☆
名医 ☆☆
けち［な］ ☆☆
不器用［な］ ☆☆
俳句（はいく） ☆☆
使用量 ☆☆
評論家 ☆☆
基本 ☆☆
列 ☆☆
化粧する（けしょうする） ☆☆
判断する ☆☆
検討する（けんとうする） ☆☆
責任 ☆☆
外交官 ☆☆
莫大［な］（ばくだいな） ☆☆
社会貢献（しゃかいこうけん） ☆☆
貢献する ☆☆

障害（しょうがい）	☆☆	蔵	☆	宗教（しゅうきょう）	☆☆
よしあし	☆	インスタントラーメン		通す	☆☆
報道する	☆	麺（めん）		はたして	☆☆
出産する	☆	ハウス		制作意図	☆☆
積み重ねる	☆	養殖する（ようしょくする）		制作する	☆☆
年輪	☆	イチゴ		功績（こうせき）	☆☆
購入する（こうにゅうする）	☆	カツオ		迎える［還暦を～］	☆☆
災害時（さいがいじ）	☆	サンマ		団体	☆☆
深める	☆	季語		御中（おんちゅう）	☆☆
節電する		旬（しゅん）		意義	☆☆
それなり		呉服（ごふく）		依頼する	☆☆
遺産（いさん）		若だんな		伝記	☆☆
きずな		番頭（ばんとう）		拝啓（はいけい）	☆
母語（ぼご）		房（ふさ）		目下（もっか）	☆
コレステロール				類（るい）	
値［コレステロール～］（ち）		## 第22課		たまわる	
ブランド				業績	☆
バリアフリー		**読む・書く**		死	☆
ダイビングする				記述する	☆
口が［の］悪い		手紙文	☆☆☆	客観的［な］	☆
		点［という～］	☆☆☆	いっそ	☆
問題		別問題	☆☆☆	意図する	☆
		死亡記事	☆☆	敬具（けいぐ）	☆
出回る	☆☆☆	死亡する	☆☆	唱える（となえる）	☆
消費量	☆☆	依頼状	☆☆	記す（しるす）	☆
総～［～消費量］	☆☆	通信手段	☆☆	忠実［な］	☆
およそ	☆☆	手段	☆☆	覆い隠す（おおいかくす）	☆
冷凍	☆☆	本人	☆☆	生涯（しょうがい）	☆
クリスマスケーキ	☆☆	執筆する（しっぴつする）	☆☆	満月	☆
あらゆる	☆☆	人物	☆☆	仰ぐ（あおぐ）	☆
思い知る	☆☆	生（せい）	☆☆	悟る（さとる）	☆
腐る（くさる）	☆☆	抱く（いだく）	☆☆	心得（こころえ）	☆
季節外れ（きせつはずれ）	☆☆	承知する	☆☆	かねて	☆
せいぜい	☆☆	隔てる（へだてる）	☆☆	一握り（ひとにぎり）	☆
乏しい（とぼしい）	☆	本書	☆☆	振り返る	☆
技（わざ）	☆	氏（し）	☆☆	還暦（かんれき）	☆
しきたり	☆	主義	☆☆	開催する（かいさいする）	☆

資金 ☆	往生する（おうじょうする）	仕方［が］ない ☆☆
趣旨（しゅし） ☆	すべ	率直［な］ ☆☆
企画する ☆	散骨	議題 ☆
ディスカッション	知友	産む ☆
次第	遺灰（いはい）	保育所 ☆
興味本位	みちすがら	給食 ☆
人名事典	因縁（いんねん）	保育施設（ほいくしせつ） ☆
中略	散布する	〜施設［保育〜］ ☆
現時点	夢みる	充実する（じゅうじつする） ☆
愛唱句（あいしょうく）	フェア	核家族（かくかぞく） ☆
死生観	時候（じこう）	放棄する（ほうきする） ☆
時下（じか）	色は匂へ（え）ど散りぬるを	イジメ
［ご］健勝	山あり谷あり	こだわる ☆
小社（しょうしゃ）		背景 ☆
ネクロロジー	**話す・聞く**	未婚
物故者（ぶっこしゃ）		転換する ☆
略伝（りゃくでん）	カギ［問題を解決する〜］ ☆☆☆	居住〜［〜環境］ ☆
編纂する（へんさんする）	意見交換 ☆☆☆	交わり ☆
玉稿（ぎょっこう）	ゼミ ☆☆	無駄使い
当の	文末 ☆☆	誘惑する（ゆうわくする） ☆
存命［中］（ぞんめいちゅう）	遠慮がち（えんりょがち） ☆☆	日頃
辞世（じせい）	意思 ☆☆	オンラインゲーム ☆
墓碑銘（ぼひめい）	ためらう ☆☆	まとめ役 ☆
不謹慎（ふきんしん）	せめて ☆☆	無償（むしょう）
推察する（すいさつする）	恩恵（おんけい） ☆☆	解消する
さらす	不公平［感］ ☆☆	カップル
集約する	育児休暇（いくじきゅうか） ☆☆	晩婚
生前（せいぜん）	育児 ☆☆	年金
遺骨（いこつ）	子育て ☆☆	年金生活［者］
三無主義（さんむしゅぎ）	積極的［な］ ☆☆	
遺書（いしょ）	任せる ☆☆	**文法・練習**
公言する	縛る（しばる） ☆☆	
遺族（いぞく）	発想する ☆☆	皆様 ☆☆☆
夢想する	値上げ ☆☆	移転する ☆☆
最期（さいご）	レベル ☆☆	出席率 ☆☆
定か［な］（さだかな）	安易［な］ ☆☆	運転免許証 ☆☆
断食する（だんじきする）	スライドする ☆☆	経済成長期 ☆☆

倍	☆☆	受け入れる	☆	企画書	☆
通訳する	☆☆	天	☆	承諾する（しょうだくする）	☆
左右する	☆☆	生きがい	☆	無断	☆
死亡率	☆☆	共有する	☆	満たす	☆
他人	☆☆	乳幼児	☆	再会する	☆
発達する	☆☆	生命体	☆	玩具（がんぐ）	☆
にこにこする	☆☆	着用する	☆	要望する	☆
めったに	☆☆	地動説	☆	引き取る［息を〜］	☆
機嫌	☆☆	信念	☆	熱意	☆
たまる［ストレスが〜］	☆☆	エコロジー	☆	急増する	
突く	☆☆	そうした	☆	無気力［な］	
思想	☆☆	パスワード	☆	粘り強い（ねばりづよい）	
まもなく	☆☆	予防接種	☆	褒めたたえる（ほめたたえる）	
労働力	☆☆	ブランコ	☆	フェスタ	
労働者	☆☆	滑り台（すべりだい）	☆	私ども	
労働条件	☆☆				
労働	☆☆	**問題**		**第23課**	
整備する	☆☆	公平［な］	☆☆		
地面	☆☆	科目	☆☆	**読む・書く**	
凍る	☆☆	社会保障（しゃかいほしょう）	☆☆		
王様	☆☆	爆発する（ばくはつする）	☆☆	水資源	☆☆☆
幼い	☆☆	生む	☆☆	悲劇	☆☆
貧しい	☆☆	深刻［な］	☆☆	地球市民	☆☆
援助する（えんじょする）	☆☆	打ち合わせ	☆☆	酸性雨	☆☆
刺激する（しげきする）	☆☆	日程	☆☆	生物	☆☆
食料	☆☆	用件	☆☆	絶滅する（ぜつめつする）	☆☆
不確か［な］	☆☆	息	☆☆	大気汚染	☆☆
児童公園	☆☆	響く（ひびく）	☆☆	大気	☆☆
児童	☆☆	鑑賞する	☆☆	汚染する	☆☆
甘やかす	☆☆	訴える（うったえる）	☆☆	現れる	☆☆
童話	☆☆	意欲	☆	あげる［利益を〜］	☆☆
国連	☆	雇用する（こようする）	☆	物語	☆☆
待ち望む	☆	貧困	☆	公共圏（こうきょうけん）	☆☆
よほど	☆	協会	☆	山林	☆☆
ストレス	☆	展示する	☆	酸素	☆☆
依存する（いそんする）	☆	詳細［な］	☆	少々	☆☆
				海洋	☆☆

神話	☆☆	設定する	☆	街並み（まちなみ）	☆☆
道徳	☆☆	コモンズ		故郷（こきょう）	☆☆
自然科学	☆☆	熱帯雨林		たびたび	☆☆
人文科学	☆☆	試み始める		鳥類	☆
無数の	☆☆	織りまぜる		経緯（けいい）	☆
相互作用	☆☆	塩類		決意する	☆
解決策	☆☆	オゾン層		動植物	☆
縮小する	☆☆	共有地		使い道	
明確［な］	☆☆	牧草		保護する（ほごする）	☆
確率	☆☆	羊		種［絶滅危ぐ〜］	☆
明らか［な］	☆☆	投稿する（とうこうする）		農地	☆
段階	☆☆	掟（おきて）		変動する	☆
記号	☆☆	識者		持続する	☆
荒れる	☆☆	直結する		打ち寄せる	☆
植物	☆☆	ジレンマ		引き寄せる	☆
工業	☆☆	制御する		クマゲラ	
温度設定	☆☆	土壌（どじょう）		世界自然遺産	
温度	☆☆	集積する		（せかいしぜんいさん）	
試みる	☆	海浜（かいひん）		絡みあう（からみあう）	
荒廃する（こうはいする）	☆	消失する		生息地	
捨て去る	☆	等々（とうとう）		棲む（すむ）	
懲りる（こりる）	☆	つけ		啄木鳥（きつつき）	
仕組み	☆	事象		羽毛（うもう）	
組み込む	☆	チェックシート		スケッチする	
規模（きぼ）	☆			ブナ	
普遍化（ふへんか）	☆	**話す・聞く**		原生林	
河川（かせん）	☆			多種多様［な］	
支え	☆	林道	☆☆	狭める（せばめる）	
掘り下げる	☆	しっぽ	☆☆	ねぐら	
農耕	☆	偶然	☆☆	危ぐする	
教訓	☆	木材	☆☆	自然遺産	
灌漑（かんがい）	☆	巣作り（すづくり）	☆☆	清聴（せいちょう）	
数えあげる	☆	天然記念物	☆☆	自国	
きり［〜がない］	☆	拡大する	☆☆	事例	
不可欠［な］	☆	食糧（しょくりょう）	☆☆		
生育する	☆	砂浜（すなはま）	☆☆		
種々（しゅじゅ）	☆	現状	☆☆		

文法・練習

- 進む［調べが～］ ☆☆☆
- 社会科 ☆☆☆
- 国内 ☆☆
- 学力 ☆☆
- 努力家 ☆☆
- 非常時 ☆☆
- 本店 ☆☆
- 品（しな） ☆☆
- 愛情 ☆☆
- 引っ張る ☆☆
- 機器 ☆☆
- 訪ねる ☆☆
- 火災（かさい） ☆☆
- 義務づける ☆☆
- 通学する ☆☆
- 親友 ☆☆
- 食物 ☆☆
- 地理 ☆☆
- 実り ☆
- 閉店する ☆
- 杖（つえ） ☆
- 高まる［緊張が～］ ☆
- 染まる（そまる） ☆
- 設置する ☆
- ワールドカップ
- 薄れる［悲しみが～］
- イエス
- 真偽（しんぎ）
- スプリンクラー
- ジュードー
- ニンジャ
- ホストファミリー
- フナずし
- ドリアン
- 転ばぬ先の杖

朝令暮改（ちょうれいぼかい）

問題

- 農家 ☆☆
- 蓄える ☆☆
- 蒸発する（じょうはつする） ☆☆
- 漁師（りょうし） ☆☆
- 栄養分 ☆☆
- 循環する（じゅんかんする） ☆☆
- まさに［～その時］ ☆☆
- 消費する ☆☆
- 蛍光灯（けいこうとう） ☆☆
- 洪水（こうずい） ☆
- 仲人（なこうど） ☆
- 取り込む ☆
- 見守る ☆
- 照明器具 ☆
- 風通し ☆
- 河口（かこう）
- カキ
- サケ
- 電化製品

第24課

読む・書く

- 糸 ☆☆☆
- 社会人 ☆☆☆
- 型 ☆☆
- 就職試験（しゅうしょくしけん） ☆☆
- 面接する ☆☆
- 約束事 ☆☆
- 守る［約束を～］ ☆☆
- 服装 ☆☆
- ［お］能 ☆☆

- 破る［型を～］ ☆☆
- 山奥 ☆☆
- 面倒くさい（めんど［う］くさい） ☆☆
- 不自由［な］ ☆☆
- うらやむ ☆☆
- 話相手 ☆☆
- たより ☆☆
- 鐘（かね）［お寺の～］ ☆☆
- 後の（のちの）［～人々］ ☆☆
- 唯一（ゆいいつ） ☆☆
- 近づく［利休へ～］ ☆☆
- もと［間違いの～］ ☆☆
- 残す［後世へ～］ ☆☆
- とかく ☆
- 見渡す ☆
- 衣類 ☆
- しばり上げる ☆
- 絶える ☆
- 切りさく ☆
- 天才 ☆
- 切実［な］ ☆
- 肉体 ☆
- まかせきる ☆
- 滅びる（ほろびる） ☆
- とどめる ☆
- おろか［な］ ☆
- けっとばす ☆
- 獲得する（かくとくする） ☆
- はまる［型に～］
- 好奇心
- 忍耐［力］（にんたいりょく）
- TPO
- あらざるもの
- 人跡（じんせき）
- こんがらかる
- ズタズタ［に］

たる［社会人〜］	切り返す ☆☆	人工衛星（じんこうえいせい）☆☆
まぎらわす	短所 ☆☆	胸［母親の〜］ ☆☆
茶杓（ちゃしゃく）	長所 ☆☆	協力する ☆☆
一片（いっぺん）	有無（うむ） ☆☆	別れ［永遠の〜］ ☆☆
愛用する	否定的［な］ ☆☆	神 ☆☆
余音（よいん）	志望する ☆	非常用 ☆☆
しのぶ	志望動機 ☆	グラウンド ☆☆
でっち上げる	告げる ☆	前方（ぜんぽう） ☆☆
ほんと	当社 ☆	下駄（げた） ☆☆
たしなみ	事業 ☆	失恋する ☆☆
後世（こうせい）	確保する ☆	熱心［な］ ☆☆
凡人（ぼんじん）	衝撃的［な］ ☆	恐怖
なんといおうと	（しょうげきてきな）	当店 ☆
そうかといって	携わる（たずさわる）☆	ジャンル ☆
	配偶者 ☆	座り込む ☆
話す・聞く	適性 ☆	了承する ☆
	ついていく［授業に〜］	押し切る ☆
制作会社 ☆☆	医薬品	励む（はげむ） ☆
意志 ☆☆	御社（おんしゃ）	沈黙（ちんもく） ☆
農産物 ☆☆	調達する	銭湯（せんとう）
出会い ☆☆	win-win［な］	昔々
香り ☆☆	感銘する（かんめいする）	Ｊ－ｐｏｐ
贅沢［な］（ぜいたくな）☆☆	弊社（へいしゃ）	ウォーター
なるほど ☆☆	カップ麺（カップめん）	開店する
流れる［コマーシャルが〜］☆☆	自炊する（じすいする）	チーズ
科学技術 ☆☆	レトルト食品	やぎ乳
就く（つく）［仕事に〜］☆☆	アミノ酸	何とかなる
職種 ☆☆	インストラクター	
専門性 ☆☆	配属する（はいぞくする）	**問題**
専攻する（せんこうする）☆☆	手に入る	
卒論 ☆☆		仕事場 ☆☆☆
応用する ☆☆	**文法・練習**	就職活動 ☆☆
実績 ☆☆		（しゅうしょくかつどう）
化粧品（けしょうひん）☆☆	出る［結論が〜］ ☆☆☆	比較する ☆☆
健康食品 ☆☆	起こす［行動を〜］ ☆☆	推薦する（すいせんする）☆☆
積む［経験を〜］ ☆☆	許す ☆☆	全力 ☆☆
突っ込む（つっこむ） ☆☆	ねじ ☆☆	給与 ☆☆

飲み会	☆☆
選択する（せんたくする）	☆☆
通行する	☆☆
収める	☆☆
従事する	☆
運営する	☆
履歴書（りれきしょ）	☆
特技	☆
遠回り	☆
効率	☆
優先する	☆
人柄（ひとがら）	☆
昆虫採集（こんちゅうさいしゅう）	☆
昆虫	☆
絹（きぬ）	☆
構える	☆
メス	☆
理屈（りくつ）	☆
ＴＯＥＩＣ（トーイック）	
岐路（きろ）	
最寄り（もより）	
道筋	
ルート	
彼我（ひが）	
長い目	
帰結	
旅路	
いつしか	
日照	
食草（しょくそう）	
待ち構える	
蝶道（ちょうどう）	
アゲハチョウ	
木立（こだち）	
暗がり	
虫網（むしあみ）	

執筆者
　高梨信乃　　関西大学外国語学部　教授
　中西久実子　京都外国語大学外国語学部日本語学科　教授

表紙イラスト
　さとう恭子

みんなの日本語中級Ⅱ
くり返して覚える単語帳

2016年12月15日　初版第1刷発行
2024年 2 月20日　第 5 刷 発 行

編　著　スリーエーネットワーク
発行者　藤嵜政子
発　行　株式会社　スリーエーネットワーク
　　　　〒102-0083　東京都千代田区麹町3丁目4番
　　　　　　　　　　トラスティ麹町ビル2F
　　　　電話　営業　03（5275）2722
　　　　　　　編集　03（5275）2726
　　　　https://www.3anet.co.jp/
印　刷　倉敷印刷株式会社

ISBN978-4-88319-738-5　C0081
落丁・乱丁本はお取り替えいたします。
本書の全部または一部を無断で複写複製（コピー）することは著作権法上での例外を除き、禁じられています。
「みんなの日本語」は株式会社スリーエーネットワークの登録商標です。

みんなの日本語シリーズ

みんなの日本語 初級Ⅰ 第2版

- 本冊（CD付） ……………… 2,750円（税込）
- 本冊 ローマ字版（CD付） …… 2,750円（税込）
- 翻訳・文法解説 …………… 各2,200円（税込）
  英語版／ローマ字版【英語】／中国語版／韓国語版／ドイツ語版／スペイン語版／ポルトガル語版／ベトナム語版／イタリア語版／フランス語版／ロシア語版（新版）／タイ語版／インドネシア語版／ビルマ語版／シンハラ語版／ネパール語版
- 教え方の手引き …………… 3,080円（税込）
- 初級で読めるトピック25 …… 1,540円（税込）
- 聴解タスク25 ……………… 2,200円（税込）
- 標準問題集 ………………… 990円（税込）
- 漢字 英語版 ……………… 1,980円（税込）
- 漢字 ベトナム語版 ………… 1,980円（税込）
- 漢字練習帳 ………………… 990円（税込）
- 書いて覚える文型練習帳 …… 1,430円（税込）
- 導入・練習イラスト集 ……… 2,420円（税込）
- CD 5枚セット ……………… 8,800円（税込）
- 会話DVD ………………… 8,800円（税込）
- 会話DVD　PAL方式 ……… 8,800円（税込）
- 絵教材CD-ROMブック …… 3,300円（税込）

みんなの日本語 初級Ⅱ 第2版

- 本冊（CD付） ……………… 2,750円（税込）
- 翻訳・文法解説 …………… 各2,200円（税込）
  英語版／中国語版／韓国語版／ドイツ語版／スペイン語版／ポルトガル語版／ベトナム語版／イタリア語版／フランス語版／ロシア語版（新版）／タイ語版／インドネシア語版／ビルマ語版
- 教え方の手引き …………… 3,080円（税込）
- 初級で読めるトピック25 …… 1,540円（税込）
- 聴解タスク25 ……………… 2,640円（税込）
- 標準問題集 ………………… 990円（税込）
- 漢字 英語版 ……………… 1,980円（税込）
- 漢字 ベトナム語版 ………… 1,980円（税込）
- 漢字練習帳 ………………… 1,320円（税込）
- 書いて覚える文型練習帳 …… 1,430円（税込）
- 導入・練習イラスト集 ……… 2,640円（税込）
- CD 5枚セット ……………… 8,800円（税込）
- 会話DVD ………………… 8,800円（税込）
- 会話DVD　PAL方式 ……… 8,800円（税込）
- 絵教材CD-ROMブック …… 3,300円（税込）

みんなの日本語 初級 第2版

- やさしい作文 ……………… 1,320円（税込）

みんなの日本語 中級Ⅰ

- 本冊（CD付） ……………… 3,080円（税込）
- 翻訳・文法解説 …………… 各1,760円（税込）
  英語版／中国語版／韓国語版／ドイツ語版／スペイン語版／ポルトガル語版／フランス語版／ベトナム語版
- 教え方の手引き …………… 2,750円（税込）
- 標準問題集 ………………… 990円（税込）
- くり返して覚える単語帳 …… 990円（税込）

みんなの日本語 中級Ⅱ

- 本冊（CD付） ……………… 3,080円（税込）
- 翻訳・文法解説 …………… 各1,980円（税込）
  英語版／中国語版／韓国語版／ドイツ語版／スペイン語版／ポルトガル語版／フランス語版／ベトナム語版
- 教え方の手引き …………… 2,750円（税込）
- 標準問題集 ………………… 990円（税込）
- くり返して覚える単語帳 …… 990円（税込）

- 小説 ミラーさん
  —みんなの日本語初級シリーズ—
- 小説 ミラーさんⅡ
  —みんなの日本語初級シリーズ—
  ………………………… 各1,100円（税込）

スリーエーネットワーク

ウェブサイトで新刊や日本語セミナーをご案内しております。
https://www.3anet.co.jp/

《解答》

**みんなの日本語中級II
くり返して覚える単語帳**

第13課

読む・書く

1. 1）いご　2）いったい
   3）よじじゅくご　4）てきど
   5）てきせつ　6）つきひ　7）つ
   8）まち　9）かんばん　10）みょうじ
   11）みな　12）はんい　13）おうだん
   14）おも、こ　15）かんこう
   16）けいやく　17）こくごじてん
   18）いっしゅん
2. 1）運動（うんどう）
   2）以降（いこう）　3）以来（いらい）
3. 1）浮かんだ（うかんだ）
   2）要し（ようし）
   3）広がっ（ひろがっ）
   4）思い込んで（おもいこんで）
4. 1）ごと　2）とりあえず
   3）あるいは　4）なんとなく
   5）ひょっとして　6）ただ

話す・聞く

5. 1）じぶんじしん　2）けっこう
   3）かんれん　4）す、みやこ
6. 1）逆さま（さかさま）　2）どうにか
   3）適切（てきせつ）
   4）知り合い（しりあい）
   5）結構（けっこう）
7. 1）戻し（もどし）
   2）関連し（かんれんし）
   3）広げる（ひろげる）
   4）共感し（きょうかんし）

文法・練習

8. 1）にゅうしゃ　2）そうじき
   3）いき　4）じゅけんせい
   5）としん　6）ふたご
   7）せかいてき　8）きゅうか
   9）うりあ　10）しょくひん
9. 1）我慢し（がまんし）　2）しぼっ
   3）あふれ　4）入社し（にゅうしゃし）
   5）たまっ
10. 1）関係（かんけい）
    2）同士（どうし）　3）割（わり）

問題

11. 1）しんよう　2）つ、あ
    3）ふゆかい　4）にんげんせい
    5）めした、ひと　6）がいぶ
    7）つた　8）じっこう
12. 1）②　2）④
13. 1）ふり　2）親切心（しんせつしん）
14. ①いや　②どうやら　③そのうち
    ④たとえ　⑤結構（けっこう）

第14課

読む・書く

1. 1）ばんぐみ　2）そんざい　3）むし
   4）かた　5）さくひん　6）ささ
   7）はつばい　8）しゅるい
   9）きょだい　10）げんり
   11）すいじゅん　12）ほしょう
   13）かじょう　14）びょう　15）どうさ
   16）こうけい　17）えが
   18）ちょくぜん　19）お　20）きたい
2. 1）②　2）①
3. 1）①種類（しゅるい）
      ②番組（ばんぐみ）
   2）①巨大（きょだい）

②状況（じょうきょう）
③保証（ほしょう）
3）具体例（ぐたいれい）
4）①厚（あつ）②激しい（はげしい）
5）夢中（むちゅう）
6）高い（たかい）
7）支える（ささえる）
8）起こる（おこる）
9）目指す（めざす）
10）発売される（はつばいされる）
11）存在し（そんざいし）
12）蓄積する（ちくせきする）
13）無視する（むしする）

話す・聞く

4．1）うちゅうせん　2）きかいか
3）さべつ　4）しょくどうしゃ
5）ち　6）かよ　7）おそ　8）み
9）ち　10）ちえ　11）てつどう
12）れっしゃ　13）なぞ　14）ばめん
5．1）神秘（しんぴ）　2）犠牲（ぎせい）
3）知恵（ちえ）
4）①あらすじ　②一言（ひとこと）
③宇宙（うちゅう）
④場面（ばめん）
5）投げ出し（なげだし）　6）はまっ
7）打つ（うつ）　8）促す（うながす）
9）散っ（ちっ）　10）触れ（ふれ）
11）差別され（さべつされ）

文法・練習

6．1）しゅっしんしゃ　2）さばく
3）しよう　4）さ　5）かつどう
6）じゅうよう　7）けんせつ
8）とく　9）ぶんせき
10）じゅうみん

7．1）①睡眠（すいみん）
②両方（りょうほう）
2）①被害（ひがい）
②住民（じゅうみん）
③対策（たいさく）
3）立場（たちば）
4）欠かせない（かかせない）
5）得（とく）　6）ただの
7）重要な（じゅうような）
8）揺れ（ゆれ）　9）交換（こうかん）
10）①建設する（けんせつする）
②議論（ぎろん）
11）郵送する（ゆうそうする）
12）分析する（ぶんせきする）
13）宣伝し（せんでんし）
14）冷め（さめ）
15）回復する（かいふくする）

問題

8．1）えんげきぶ　2）せいちょう
3）かっき　4）ひじょう　5）とお、す
6）じつ　7）ふうけい
8）おんせんりょかん
9．1）①女優（じょゆう）②役（やく）
2）風景（ふうけい）
3）①温泉（おんせん）
②活気（かっき）
10．①それが　②何気なく（なにげなく）
③なんだ

第15課

読む・書く

1．1）こうせい　2）わりあい　3）あら
4）しゅうだん　5）じかん、た

6）のうりつ　7）ほうそく
8）わきやく　9）いだい　10）じょじょ
11）りそうてき　12）げんしょう
13）かつ　14）さんこうしりょう
15）ぎょうれつ　16）そしき
2．1）組織（そしき）
　　2）構成（こうせい）
　　3）比率（ひりつ）
3．1）分担すれ（ぶんたんすれ）
　　2）登場し（とうじょうし）
　　3）担い（かつい）　4）スタートし
　　5）落ち（おち）　6）一見（いっけん）
　　7）徐々に（じょじょに）　8）さすがに

話す・聞く

4．1）すぐ　2）たいこ　3）ず
　　4）しゅっちょうしょ　5）しゃめい
　　6）な、とお　7）ちしき　8）み
　　9）みが　10）とくい　11）おど
　　12）さいのう　13）じっこういいん
　　14）こうはい
5．1）③　2）④
6．1）結ぶ（むすぶ）
　　2）何でも（なんでも）
　　3）何しろ（なにしろ）　4）あっ

文法・練習

7．1）でんきゅう　2）じゅみょう
　　3）じょう　4）かんきょうもんだい
　　5）けいえい　6）ちきゅうおんだんか
　　7）かぞくかんけい　8）ろんぶん
　　9）だいめい　10）せんきょ
　　11）こんらん　12）ちょうせい
　　13）こうたい　14）がっき
　　15）おんがくいっか　16）ひみつ
　　17）きよう　18）てんかい

8．1）注文する（ちゅうもんする）
　　2）出（で）　3）用い（もちい）
　　4）かい　5）信頼され（しんらいされ）
9．1）各国（かっこく）
　　2）中年（ちゅうねん）
　　3）当番（とうばん）

問題

10．1）とも　2）りえき　3）の、こ
　　4）しゃかいかがく　5）いどう
　　6）かしこ　7）いみ、こ　8）ようご
11．1）しみじみ　2）こうして
　　3）つながり　4）分野（ぶんや）
12．①何しろ　②すべて　③ただ　④それで

第13～15課 復習

1．1）的　2）者　3）化　4）誌
　　5）部
2．1）能率（のうりつ）
　　2）水準（すいじゅん）
　　3）動作（どうさ）
　　4）種類（しゅるい）
3．1）ご　2）お　3）お　4）お
4．1）気が置けない（きがおけない）
　　2）目にする　3）気にかけ
　　4）口に出し　5）耳にし
5．1）磨い（みがい）
　　2）謙遜し（けんそんし）
　　3）甘え（あまえ）
　　4）進行する（しんこうする）
　　5）使わない（つかわない）
　　6）賢い（かしこい）
　　7）ルーズ　8）まじめに
6．①やはり　②実は（じつは）
　　③なおさら　④そこで

第16課

読む・書く

1. 1）こじんじょうほう
   2）しんぶんきじ　3）しゃかいめん
   4）じじつ　5）つうしんはんばい
   6）かのうせい　7）ひがいしゃ
   8）しめい　9）しょくぎょう
   10）せいねんがっぴ　11）じょうじゅん
   12）せいきゅうしょ　13）すで
   14）しはら　15）もと　16）ゆうりょう
   17）う、と　18）ちじん　19）ひづけ
   20）げんこう

2. 1）①有料（ゆうりょう）
      ②支払い（しはらい）
   2）項目（こうもく）
   3）①何者（なにもの）
      ②可能性（かのうせい）
   4）おわび
   5）漏れた（もれた）
   6）及ぶ（およぶ）
   7）引き出す（ひきだす）
   8）慰めれ（なぐさめれ）
   9）応じ（おうじ）
   10）受け取っ（うけとっ）
   11）だます
   12）指定し（していし）
   13）進め（すすめ）
   14）振り込む（ふりこむ）
   15）懸命（けんめい）
   16）不審（ふしん）
   17）早急（さっきゅう）

話す・聞く

3. 1）と、だ　2）しめきり　3）はな
   4）みぎて　5）おれ　6）あぶら
   7）みかた　8）こっせつ　9）さいわ
   10）にが

4. 1）①バカ　②見方（みかた）
   2）よそ見（よそみ）　3）ひざ
   4）①切り（きり）　②起こし（おこし）
      ③後悔し（こうかいし）
   5）①まいっ　②おごっ
   6）離せ（はなせ）

5. 1）出して（だして）
   2）返し（かえし）
   3）込んで（こんで）　4）返っ（かえっ）

文法・練習

6. 1）あらた　2）じゅよう
   3）しょうひぜい　4）そな
   5）とつぜん　6）ほうもん
   7）じょうたつ　8）けはい
   9）むりょうか　10）みぶん
   11）しゅつじょうけん　12）かいはつ
   13）しんじん　14）しょうめいしょ
   15）ていしゅつ　16）でんきりょうきん
   17）おも　18）ひっし

7. 1）①気配（けはい）
      ②需要（じゅよう）　③時期（じき）
   2）①活力（かつりょく）
      ②予算（よさん）
   3）身分（みぶん）
   4）①従っ（したがっ）
      ②避難し（ひなんし）
   5）①改め（あらため）
      ②上達し（じょうたつし）
   6）①備え（そなえ）　②とどまる

8. 1）合わせ（あわせ）
   2）①かけ　②上げ（あげ）
   3）直し（なおし）　4）下げ（さげ）

> 問題

9．1）ふせいしよう 2）ひがいがく
　　3）きんせん 4）うしな
　　5）そうさく 6）ごうとう
　　7）ちょう 8）つか
10．1）失い（うしない）
　　2）①売買する（ばいばいする）
　　　②捕まる（つかまる）
11．①既に（すでに）②たった ③まさか
　　④幸い（さいわい）
　　⑤思わず（おもわず）

第17課

> 読む・書く

1．1）たいようれき 2）ほんらい
　　3）べつ 4）たいせい
　　5）ながねん 6）かいけい
　　7）ねんど 8）せいよう
　　9）いってい 10）じっし 11）とうじ
　　12）ししゅつ 13）し 14）ふそく
　　15）しんせいど 16）やくにん
　　17）よくじつ 18）さくせい
　　19）ほうこく 20）こよみ
2．1）ねらい 2）長年（ながねん）
　　3）八角形（はっかっけい）
　　4）暦（こよみ）5）政権（せいけん）
3．1）名づけ（なづけ）
　　2）抱え（かかえ）3）補う（おぎな）
　　4）生じ（しょうじ）
4．1）諸（しょ）2）難（なん）
　　3）費（ひ）4）計（けい）
　　5）翌（よく）

> 話す・聞く

5．1）ぶさた 2）ひさ 3）めん
　　4）しき 5）おやこ 6）ははおや
6．1）行事（ぎょうじ）2）にしては
7．1）④ 2）④
8．1）まけ 2）邪魔し（じゃまし）
　　3）抜い（ぬい）4）かけら

> 文法・練習

9．1）ちょしゃ 2）ぼうけん 3）この
　　4）ちほう 5）うつ 6）ふくすう
　　7）あしあと 8）ちょうじょう
　　9）ひ、かえ 10）ほうしん 11）かせ
　　12）しろうと 13）きじゅん
　　14）ふぶき 15）おうたい
　　16）なっとく
10．1）納得（なっとく）
　　2）予想し（よそうし）
　　3）好ま（このま）4）遭っ（あっ）
　　5）持っ（もっ）
　　6）盛んに（さかんに）
　　7）相当な（そうとうな）8）はるかに

> 問題

11．1）がくしゃ 2）かわ、なが
　　3）てん、のぼ 4）こんなん
　　5）おうこく 6）たき 7）かんそく
　　8）しはい
12．1）特定する（とくていする）
　　2）観測する（かんそくする）
　　3）逆らわ（さからわ）
　　4）支配し（しはいし）
　　5）生まれ（うまれ）
13．①しっかり ②ながら ③できるだけ

第18課

読む・書く

1. 1）こううん 2）とうじょうじんぶつ
   3）こころ、うち 4）かいしゃく
   5）しょくえん 6）さいしんしき
   7）はいすい 8）しゅうりや
   9）し、よし 10）するど
   11）けんとう 12）きんぞく 13）さ
   14）よう 15）は 16）びみょう
   17）ちょうたんぺんしょうせつ
   18）いがい 19）まんぞく
   20）かちかん 21）こと 22）こうい
   23）かくど 24）えんぴつけず

2. 1）② 2）②

3. 1）タイプ 2）てっぺん
   3）価値観（かちかん）
   4）幸運（こううん）
   5）角度（かくど） 6）錆び（さび）
   7）異なる（ことなる）
   8）見つめ（みつめ）
   9）取って（とって）
   10）満足し（まんぞくし） 11）ざら
   12）ぴかぴかに
   13）微妙に（びみょうに）
   14）①意外（いがい） ②うらやましい

話す・聞く

4. 1）き、い 2）なかなお 3）ふまん
   4）ひなん 5）ひにく 6）か
   7）しんこん 8）おも、で 9）せん
   10）ぬ 11）さが、もの 12）へいき
   13）ちゅうだん 14）ち

5. 1）思い出（おもいで）
   2）新婚（しんこん）
   3）皮肉（ひにく）
   4）仲直り（なかなおり） 5）とる
   6）欠けている（かけている）
   7）のぞい
   8）気に入った（きにいった）
   9）抜く（ぬく）

文法・練習

6. 1）かんとく 2）と 3）はなよめ
   4）ふへい 5）すいそく 6）お
   7）かつやく 8）きそ 9）も、ぬし
   10）いじ

7. 1）監督（かんとく）
   2）花嫁（はなよめ）
   3）不平（ふへい） 4）跳べ（とべ）
   5）きい 6）かない
   7）推測し（すいそくし）
   8）①ふさわしい ②おしゃれ
   9）①基礎（きそ）
      ②コミュニケーション
   10）願っ（ねがっ）
   11）維持する（いじする）
   12）置いている（おいている）

問題

8. 1）だ、わす 2）すなお 3）くせ
   4）ため 5）さくや 6）こ
   7）みかた 8）しゅうとく

9. 1）④ 2）④

10. 1）超える（こえる）
    2）試し（ためし）
    3）励まして（はげまして）

11. ①しょっちゅう ②おまけに
    ③要するに（ようするに） ④おそらく

第16～18課 復習

1．1）屋 2）額 3）面 4）諸
　　5）費
2．1）返し（かえし） 2）取っ（とっ）
　　3）込んで（こんで）
　　4）合わせて（あわせて）
3．1）散らかさ（ちらかさ） 2）ずれ
　　3）あきれ 4）慰める（なぐさめる）
　　5）管理し（かんりし）
　　6）納得（なっとく）
　　7）上達し（じょうたつし）
　　8）満足する（まんぞくする）
　　9）平気（へいき）
　　10）素直に（すなおに）
　　11）ものすごい 12）意外（いがい）
　　13）鋭い（するどい）
　　14）幸い（さいわい） 15）ねらい
　　16）思い出（おもいで） 17）山（やま）
　　18）じっと 19）いらいら
　　20）べとべと 21）くよくよ
4．①しっかり ②既に（すでに） ③ごく
　　④要するに（ようするに）

第19課

読む・書く

1．1）こうか 2）かしょ 3）せんとう
　　4）ふきゅう 5）つと 6）せいさく
　　7）しん 8）きょうぎ
　　9）たんじゅん 10）じょうしき、か
　　11）かつよう 12）せつやく
　　13）ぶんかい 14）さいりよう
　　15）しゃりん 16）ようし 17）ま
　　18）ぶひん 19）せいめい、はい
　　20）く 21）せいしんてき
　　22）れいがい
2．1）③ 2）④
3．1）前（ぜん） 2）感（かん）
　　3）①第（だい） ②第（だい）
　　4）再（さい） 5）的（てき）
4．1）製作さ（せいさくさ）
　　2）向上し（こうじょうし）
　　3）削っ（けずっ） 4）欠け（かけ）
　　5）たんに 6）単純な（たんじゅんな）
　　7）おだやかだ

話す・聞く

5．1）じこしょうかい 2）やくしゃ
　　3）ぶいん 4）ぶかつどう
　　5）でんとう 6）えんげきさい
　　7）ほこ 8）ぶたいそうち
　　9）かくご 10）とけいまわ
　　11）きんにく 12）そろ 13）でんたく
　　14）くうそう 15）ふせ
　　16）じまんばなし
6．1）筋肉（きんにく） 2）いわゆる
　　3）華やかな（はなやかな）
7．1）①受け継いで（うけついで）
　　　②守っ（まもっ）
　　2）覚悟し（かくごし）
　　3）こもっ 4）譲っ（ゆずっ）

文法・練習

8．1）ようじ 2）りゅうこう
　　3）はんこう 4）たいせい、あま
　　5）いりょう 6）ぶつり
　　7）ぎょうぎさほう 8）わ、こころ
　　9）ふか 10）ぶんぷ 11）つうきん
　　12）ひょうばん 13）こっかしけん
　　14）つね

9．1）梅雨（つゆ）　2）定年（ていねん）
　　3）赤字（あかじ）
10．1）反抗する（はんこうする）
　　2）流行し（りゅうこうし）
　　3）上陸する（じょうりくする）
　　4）深まっ（ふかまっ）
　　5）身につけ（みにつけ）

問題

11．1）しんがっき　2）いったいかん
　　3）ゆだん　4）しょかい　5）いぜん
　　6）は　7）せいそう　8）あつか
　　9）みけいけん　10）ちから　11）てき
　　12）じょうたい
12．1）自信（じしん）
　　2）状態（じょうたい）　3）そうっと
13．1）掃い（はい）　2）扱わ（あつかわ）
　　3）生きる（いきる）
14．①おもに　②要するに（ようするに）
　　③たんに　④以来（いらい）

第20課

読む・書く

1．1）りかい　2）しんぶん、ぶんかめん
　　3）しゃくはち、ねいろ　4）みんぞく
　　5）こてん　6）みずか　7）ちょしょ
　　8）しょう　9）ふ　10）じゅうし
　　11）ぎもん　12）てっていてき
　　13）じんこう　14）きゅうそく
　　15）ぞうか　16）せっ　17）しゅちょう
　　18）ざいさん　19）こくせき
　　20）たから　21）ふく
　　22）でんとうぶんか
2．1）財産（ざいさん）　2）出す（だす）

3．1）古典（こてん）
　　2）民族（みんぞく）
　　3）手順（てじゅん）
　　4）①自ら（みずから）
　　　②疑問（ぎもん）
　　5）著書（ちょしょ）
　　6）含め（ふくめ）
　　7）工夫した（くふうした）
　　8）重視し（じゅうしし）
　　9）増加した（ぞうかした）／
　　　増加している（ぞうかしている）
　　10）接する（せっする）
　　11）①厄介な（やっかいな）
　　　②徹底的な（てっていてきな）
　　12）あっさりと
　　13）急速に（きゅうそくに）

話す・聞く

4．1）お　2）じっか
　　3）せかいせんしゅけん
　　4）しょうしん　5）はな　6）とくしゅ
　　7）ちからづよ　8）ひび
　　9）かんしゅう　10）おうえん
　　11）きちょう　12）けいえいしゃ
　　13）いし　14）すがた
5．1）慣習（かんしゅう）
　　2）①実家（じっか）
　　　②知らせ（しらせ）
　　3）姿（すがた）　4）わがまま
　　5）余暇（よか）　6）頼ら（たよら）
　　7）①離れ（はなれ）
　　　②応援し（おうえんし）
　　8）①終えた（おえた）　②まとめて
　　9）主催し（しゅさいし）　10）わずか
　　11）特殊な（とくしゅな）
　　12）貴重な（きちょうな）

13）力強い（ちからづよい）
14）光栄（こうえい）

文法・練習

6．1）きょうどう　2）たう　3）どく
　　4）けいざいてき　5）しつぎょう
　　6）なや　7）いんたい　8）いっち
　　9）えんちょうせん　10）はくしゅ
7．1）②　2）④
8．1）一致し（いっちし）
　　2）①進学する（しんがくする）
　　　②悩んで（なやんで）
　　3）失業し（しつぎょうし）
　　4）共同（きょうどう）
　　5）拍手（はくしゅ）
　　6）一流（いちりゅう）　7）毒（どく）
9．1）①立　②費　2）子　3）主義
　　4）母　5）家

問題

10．1）は　2）おやゆび　3）いた
　　4）どうじ　5）わた　6）よあ
　　7）くわ　8）かくち　9）きざ
　　10）どくりつ
11．1）感激し（かんげきし）
　　2）①渡っ（わたっ）　②交じっ（まじっ）
　　3）独立し（どくりつし）
　　4）格好良い（かっこうよい）
　　5）待ち遠しい（まちどおしい）
　　6）①各地（かくち）
　　　②商品（しょうひん）
　　7）同時（どうじ）
12．①ふと　②すんなりと　③ようやく
　　④これからも

第21課

読む・書く

1．1）の、みず　2）うんちん　3）めし
　　4）だいきん　5）めだ　6）しつ、お
　　7）た　8）たいはん　9）ちかすい
　　10）ほうふ　11）わ　12）よご
　　13）やく　14）しゅうへん　15）くず
　　16）きょうつう　17）いっぽうてき
　　18）あまみず　19）はい、こ
　　20）たんご
2．1）②　2）④
3．1）たっぷり　2）糸目（いとめ）
　　3）済ん（すん）　4）決まっ（きまっ）
　　5）自体（じたい）
4．1）炊い（たい）　2）目立つ（めだつ）
　　3）訳す（やくす）
　　4）破壊さ（はかいさ）
　　5）仕立て（したて）
　　6）吟味し（ぎんみし）　7）くみ

話す・聞く

5．1）すす　2）ずひょう
　　3）げんしょう　4）きょうみぶか
　　5）ちょうりず　6）がいぶか
　　7）ふたた　8）かこ　9）かいとう
　　10）しんがた　11）ぞうげん
　　12）がいてき　13）しんらいせい
　　14）しんがくりつ　15）じょうしょう
　　16）もと
6．1）手軽な（てがるな）
　　2）外部（がいぶ）　3）依然（いぜん）
7．1）上昇する（じょうしょうする）
　　2）囲んで（かこんで）
　　3）調理され（ちょうりされ）

4）回答し（かいとうし） 5）とっ

文法・練習

8．1）きょか、え 2）はいく
　　3）きほん 4）けしょう
　　5）ぶきよう 6）しようりょう
　　7）ひょうろんか 8）はんだん
　　9）けんとう 10）あんぜんきじゅん
　　11）せきにん 12）ばくだい
　　13）こうけん 14）しょうがい

9．1）得（え） 2）報道さ（ほうどうさ）
　　3）深める（ふかめる）
　　4）出産した（しゅっさんした）

10．1）貢献し（こうけんし）
　　2）判断する（はんだんする）
　　3）購入（こうにゅう）
　　4）検討し（けんとうし）
　　5）列（れつ） 6）年輪（ねんりん）
　　7）けち

問題

11．1）そうしょうひりょう 2）れいとう
　　3）くさ 4）きせつはず

12．1）せいぜい 2）あらゆる
　　3）およそ

13．①たっぷり ②そこで
　　③再び（ふたたび）
　　④要するに（ようするに）

第19〜21課 復習

1．1）化 2）未 3）無 4）有
2．1）タイヤ 2）モーター 3）ホッと
　　4）すんなり 5）そうっと
　　6）たっぷり
3．1）けちな 2）よしあし

　　3）身につい（みについ）
　　4）養う（やしなう）
　　5）普及する（ふきゅうする）
　　6）結びつい（むすびつい）
　　7）気になっ（きになっ）
　　8）回収する（かいしゅうする）
　　9）清掃する（せいそうする）
　　10）扱わ（あつかわ）

4．1）覚悟（かくご）
　　2）伝統（でんとう）
　　3）誇り（ほこり）
　　4）安全基準（あんぜんきじゅん）
　　5）世帯（せたい）

5．①本来（ほんらい） ②おもに
　　③常に（つねに） ④おまけに
　　⑤要するに（ようするに） ⑥いかに

第22課

読む・書く

1．1）しぼうきじ 2）いらいじょう
　　3）つうしんしゅだん 4）はいけい
　　5）もっか、かだい 6）しっぴつ
　　7）じんぶつ 8）いだ 9）しょうち
　　10）へだ 11）しゅぎ
　　12）しゅうきょう 13）とお
　　14）せいさく 15）こうせき 16）むか
　　17）だんたい 18）おんちゅう

2．1）① 2）③

3．1）氏（し）
　　2）①伝記（でんき） ②主義（しゅぎ）

4．1）①承知（しょうち）
　　　②開催（かいさい）
　　2）①依頼（いらい）
　　　②執筆（しっぴつ）

3）意図（いと）
4）①迎える（むかえる）
　②振り返っ（ふりかえっ）
5）①通し（とおし）②抱い（いだい）
6）①生（せい）②意義（いぎ）
7）心得（こころえ）
8）宗教（しゅうきょう）

話す・聞く

5．1）えんりょ　2）いし　3）おんけい
　4）ふこうへいかん
　5）いくじきゅうか　6）こそだ
　7）せっきょくてき　8）まか
　9）はっそう　10）ねあ　11）あんい
　12）しかた

6．1）ためらう　2）縛ら（しばら）
　3）転換する（てんかんする）
　4）任せら（まかせら）5）カギ
　6）恩恵（おんけい）
　7）①ゼミ
　　②意見交換（いけんこうかん）
　8）レベル　9）値上げ（ねあげ）
　10）率直に（そっちょくに）
　11）①仕方（しかた）
　　②不公平（ふこうへい）
　12）安易に（あんいに）

文法・練習

7．1）しゅっせきりつ　2）みなさま
　3）つうやく　4）はったつ
　5）ま、のぞ　6）きげん　7）つ
　8）しそう　9）ろうどうじょうけん
　10）せいび　11）じめん　12）こお
　13）おうさま　14）おさな　15）まず
　16）えんじょ　17）しげき
　18）しょくりょう　19）ふたし

20）じどうこうえん

8．1）移転する（いてんする）
　2）突いて（ついて）
　3）左右される（さゆうされる）
　4）甘やかし（あまやかし）
　5）たまって　6）機嫌（きげん）
　7）倍（ばい）8）他人（たにん）
　9）思想（しそう）
　10）貧しい（まずしい）
　11）幼（おさな）

9．1）証（しょう）2）期（き）
　3）説（せつ）4）力（りょく）
　5）率（りつ）

問題

10．1）こうへい　2）しゃかいほしょう
　3）かもく　4）ばくはつ
　5）しんこく　6）う、あ
　7）にってい　8）ようけん　9）いき
　10）ひび

11．1）響い（ひびい）
　2）①展示さ（てんじさ）
　　②鑑賞（かんしょう）
　3）息（いき）4）用件（ようけん）
　5）①日程（にってい）
　　②詳細（しょうさい）

12．①日頃（ひごろ）②せめて
　③はたして

第23課

読む・書く

1．1）ひげき　2）さんせいう
　3）せいぶつ　4）ぜつめつ
　5）たいきおせん　6）あらわ

7) ものがたり　8) みずしげん
9) さんりん　10) さんそ
11) しょうしょう　12) かいよう
13) しんわ　14) しぜんかがく
15) じんぶんかがく　16) かいけつさく
17) しゅくしょう　18) めいかく
19) かくりつ　20) だんかい
21) きごう　22) あ　23) しょくぶつ
24) こうぎょう　25) おんど
26) せってい

2．1) 教訓（きょうくん）
2) 道徳（どうとく）
3) 神話（しんわ）　4) 記号（きごう）
5) 確率（かくりつ）
6) 不可欠な（ふかけつな）
7) 無数の（むすうの）
8) 明らかに（あきらかに）
9) きりがない　10) 懲り（こり）
11) 縮小する（しゅくしょうする）
12) 荒廃し（こうはいし）　13) あげる
14) 組み込む（くみこむ）

話す・聞く

3．1) ぐうぜん　2) もくざい
3) てんねんきねんぶつ　4) かくだい
5) げんじょう　6) こきょう

4．1) 使い道（つかいみち）
2) 木材（もくざい）
3) 食糧（しょくりょう）　4) しっぽ
5) 保護し（ほごし）
6) 変動する（へんどうする）
7) 拡大し（かくだいし）
8) 持続（じぞく）

文法・練習

5．1) がくりょく　2) どりょくか
3) ひじょうじ　4) れい、しな
5) あいじょう　6) ひ、ぱ
7) ちょうさ、すす　8) きき
9) たず　10) かさい　11) ぎむ
12) つうがく　13) しんゆう
14) しょくもつ　15) しゃかいか
16) ちり

6．1) 食物（しょくもつ）
2) 社会科（しゃかいか）
3) 火災（かさい）
4) 愛情（あいじょう）
5) 非常時（ひじょうじ）
6) 品（しな）　7) 機器（きき）
8) 努力家（どりょくか）
9) 杖（つえ）

7．1) 染まっ（そまっ）
2) 高まっ（たかまっ）
3) 進ん（すすん）
4) 引っ張る（ひっぱる）

問題

8．1) のうか　2) たくわ
3) じょうはつ　4) りょうし
5) けいこうとう　6) えいようぶん
7) じゅんかん　8) しょうひ

9．1) 蓄え（たくわえ）
2) 循環し（じゅんかんし）
3) 消費する（しょうひする）

10．①ますます　②ところが
③結局（けっきょく）
④その後（そのご）　⑤現在（げんざい）

第24課

読む・書く

1. 1）かた 2）やくそくごと
   3）ふくそう 4）のう 5）みわた
   6）いるい 7）た 8）やまおく
   9）めんど[う] 10）いと 11）やぶ
   12）ふじゆう 13）しゃかいじん
   14）てんさい 15）はなしあいて
   16）せつじつ 17）にくたい
   18）ほろ 19）かね 20）ゆいいつ
2. 1）たより 2）肉体（にくたい）
   3）①天才（てんさい）②後（のち）
   4）もと 5）型（かた）
   6）残す（のこす） 7）うらやんで
   8）近づい（ちかづい）
   9）生産され（せいさんされ）
   10）破る（やぶる）
   11）不自由な（ふじゆうな）
   12）面倒くさい（めんど[う]くさい）
   13）切実に（せつじつに）
   14）唯一（ゆいいつ）

話す・聞く

3. 1）しゅうしょくしけん 2）めんせつ
   3）せいさくがいしゃ
   4）しぼうどうき 5）いし
   6）じぎょう 7）のうさんぶつ
   8）かくほ 9）であ 10）かお
   11）しょうげきてき 12）ぜいたく
   13）かがくぎじゅつ 14）つ
   15）せんもんせい 16）せんこう
   17）おうよう 18）じっせき
   19）けしょうひん
   20）けんこうしょくひん 21）つ
   22）つ、こ 23）はいぐうしゃ
   24）たんしょ 25）ちょうしょ
   26）てきせい
4. 1）② 2）①
5. 1）短所（たんしょ）
   2）豊かな（ゆたかな）
6. 1）①専攻した（せんこうした）
     ②就き（つき）
   2）流れ（ながれ） 3）つける
   4）積ま（つま） 5）志望（しぼう）
   6）出会い（であい） 7）有無（うむ）
   8）専門性（せんもんせい）
   9）実績（じっせき）

文法・練習

7. 1）ゆる 2）むね 3）きょうりょく
   4）げた 5）ひじょうよう 6）わか
   7）きょうふ 8）ねっしん 9）かみ
   10）しつれん
8. 1）許さ（ゆるさ）
   2）起こす（おこす）
   3）出なかった（でなかった）
   4）ジャンル 5）恐怖（きょうふ）
   6）別れ（わかれ） 7）胸（むね）
   8）失恋（しつれん）

問題

9. 1）しゅうしょくかつどう 2）ひかく
   3）すいせん 4）ぜんりょく
   5）うんえい 6）りれきしょ
   7）とくぎ 8）きゅうよ
   9）しごとば 10）とおまわ
   11）せんたく 12）こうりつ
   13）つうこう 14）ひとがら
10. 1）①人柄（ひとがら）
    ②全力（ぜんりょく）

2）①就職（しゅうしょく）
　　②遠回り（とおまわり）
　　③選択（せんたく）
3）①履歴書（りれきしょ）
　　②特技（とくぎ）
4）収め（おさめ）
5）優先し（ゆうせんし）
6）比較し（ひかくし）
7）構え（かまえ）
11．①ほんとを言（い）えば
　　②そうかといって　③そのうちに

第22～24課 復習

1．1）書・りれきしょ
　2）品・けしょうひん
　3）率・しゅっせきりつ
　4）物・のうさんぶつ
　5）状・いらいじょう
　6）証・うんてんめんきょしょう
2．1）守る（まもる）
　2）上げる（あげる）　3）就き（つき）
　4）出（で）
3．1）残した（のこした）
　2）抱い（いだい）
　3）流れる（ながれる）
　4）甘やかし（あまやかし）
　5）任せ（まかせ）
　6）専攻し（せんこうし）
　7）消費する（しょうひする）
　8）汚染されて（おせんされて）
　9）左右する（さゆうする）
　10）承知し（しょうちし）
　11）不自由（ふじゆう）
　12）確実な（かくじつな）
　13）明らかに（あきらかに）

14）積極的に（せっきょくてきに）
15）幼い（おさない）
16）実績（じっせき）
17）手段（しゅだん）18）意義（いぎ）
19）機嫌（きげん）20）もと
21）ストレス　22）レベル
23）ジャンル　24）カギ
4．①まもなく　②まさに　③はたして
　④例えば（たとえば）

総復習

1．1）未　2）化　3）不　4）的
　5）上　6）無
2．1）ポート　2）レーム　3）ネルギー
　4）ーズ　5）ニアック　6）ピール
　7）ストラ
3．1）上げる（あげる）　2）合う（あう）
　3）込む（こむ）　4）引き（ひき）
　5）取り（とり）
4．1）揃った　2）広めた　3）ついて
　4）まとめた
5．1）照らし（てらし）　2）込め（こめ）
　3）義務づけら（ぎむづけら）
　4）占め（しめ）　5）あきらめ
　6）導入（どうにゅう）
　7）応対し（おうたいし）
　8）実施する（じっしする）
　9）設置し（せっちし）
　10）回避する（かいひする）
　11）おだやかだ
　12）面倒くさい（めんど[う]くさい）
　13）明らかに（あきらかに）
　14）逆さま（さかさま）
　15）苦い（にがい）16）主義（しゅぎ）
　17）出会い（であい）

18）立場（たちば）
　　　19）伝統（でんとう）
　　　20）気配（けはい）
6．1）プロ　2）短所（たんしょ）
　　3）天才（てんさい）
　　4）有料（ゆうりょう）
7．1）実（み）　2）腕（うで）
　　3）口（くち）　4）入れる（いれる）
　　5）きか　6）立つ（たつ）
8．1）しっかり　2）わいわい
　　3）そうっと　4）パッと
　　5）たっぷり
9．①なんとなく　②とりあえず
　　③そもそも　④まさか　⑤こうして
10．①危うく　②よほど　③さすがに
　　④しょっちゅう　⑤せめて